Frontispice.

La crainte de Dieu est le commencement de la Sagesse.

ABÉCÉDAIRE

DU PREMIER ÂGE,

CONTENANT

LA CIVILITÉ FRANÇAISE,

POUR INSTRUIRE LES ENFANS

DANS TOUTE HONNÊTETÉ ET BIENSÉANCE,

Avec des Figures sur la manière dont les Enfans doivent se tenir et se conduire dans le monde ;

Suivi d'un Exposé des bases de la Religion, d'un Abrégé du Catéchisme, d'un petit Traité d'Orthographe, et des trois principales règles de l'Arithmétique.

A PARIS,

Chez LE PRIEUR, Libraire, rue des Mathurins-St.-Jacques, hôtel Cluny.

1817.

( )

DE L'IMPRIMERIE DE A. BELIN.

PRÉFACE.

Ce petit Livre est connu depuis des siècles sous le titre de *Civilité puérile et honnête*. Nous l'avons cependant perfectionné autant qu'il a été en nous de le faire ; nous l'avons corrigé avec soin, et même un peu augmenté. Il est imprimé en caractères réguliers. Jusqu'ici ceux qui servaient à son impression, étaient bizarres, et d'une lecture pénible. Pourquoi cette singularité ? Il s'agissait, disent quelques personnes, d'accoutumer ainsi les enfans à déchiffrer l'écriture la plus incorrecte et la plus embrouillée : mais d'abord ce ne sont pas là les caractères de l'écriture, de notre temps au moins, et il y a certainement bien long-temps qu'on n'écrit plus ainsi. Ensuite, pourquoi sacrifierait-on à cet usage, un livre, qui est un composé de préceptes utiles sous tous les rapports, et dont l'objet paraît avoir toujours été d'*apprendre à vivre* à ceux qui entrent dans le sentier de la vie ? Prenez pour pièces d'écriture figurée des morceaux indifférens ; mais loin de

A

rendre difficile la lecture de ceux qui peuvent instruire et former la jeunesse, imprimez-les au contraire en caractères si beaux, que chacun soit tenté de les lire et de les relire.

La Civilité contenait des préceptes devenus surannés et ridicules : nous les avons fait disparaître, et nous y avons substitué ce que les temps nouveaux nous semblaient demander. Elle se terminait par deux ou trois phrases de morale insignifiantes; les lois prescrites par Dieu à son peuple sur le mont Sinaï en ont pris la place : c'est en morale ce qu'il y a de plus parfait et de plus respectable. Après cela, il ne nous restait qu'à terminer le livre par l'exposition des bases principales de notre religion. Nous l'avons laissé commencer par un Abécédaire et terminer par quelques principes d'Orthographe et d'Arithmétique : cet Abécédaire ne suffirait pas pour apprendre à lire; mais il peut servir à ceux qui le sachant déjà jusqu'à un certain point, passent à la connaissance des règles de la vie. Anciennement la Civilité commençait ainsi: de nos jours on la reconnaîtra aux mêmes marques.

a	b
c	d
e	f

g	h
i	k
l	m

n	o
p	q
r	s

t	u
v	x
y	z

ALPHABET.

Lettres romaines capitales.

A B C D E F

G H I J K L

M N O P Q R

S T U V X Y Z

Lettres italiques capitales.

A B C D E F

G H I J K L

M N O P Q R

S T U V X Y Z

4

a b c d e f g h i

j к l m n o p q r

s t u v x y ʒ.

Voyelles.

a e i o u y.

Consonnes.

b c d f g h j k l m n

p q r s t v x z.

Syllabes.

Ba be bi bo bu

Ca ce ci co cu

Da de di do du

Fa   fe   fi   fo   fu

Ga   ge   gi   go   gu

Ha   he   hi   ho   hu

Ja   je   ji   jo   ju

La   le   li   lo   lu

Ma   me   mi   mo   mu

Na   ne   ni   no   nu

Pa   pe   pi   po   pu

Qua   que   qui   quo   quu

Ra   re   ri   ro   ru

Sa   se   si   so   su

Ta   te   ti   to   tu

5

Va ve vi vo vu

Xa xe xi xo xu

Za ze zi zo zu.

Autres Syllabes.

Bail, fail, mail, rail, sail.

Mots d'une Syllabe.

Blanc, bleu, bœuf, bout, boit.

Camp, cent, cinq, ceux, corps, cœurs.

Dieu, dans, dix, droit, dent, doux.

Eau, es, eux, ent, est.

Frais, faix, froid, frein, front, frit, fut.

Gras, grand, grief, gros, gris, gens.

Haut, hay, hart, hors, heur.

Jean, jours, j'en, j'ai, ils, il.

Lait, lard, l'art, l'an, l'œil.

Mais, mon, mot, mur, mort, mal.

Nerf, n'ont, neuf, nous, noms, n'a.

Pain, pour, prompt, peut, par, peu, puis.

Quand, quel, qu'eux, qui, qu'ont.

Rets, rend, roi, rien, riez, ris.

Saint, seul, sont, saoul, sourd.

Tant, trois, trop, tel, tours.

Vaut, vin, veut, vent, vol, vœux.

Doubles Lettres, appelées Ligatures.

Les ligatures sont faites de deux lettres qui sont liées ensemble, comme celles-ci : ff, fi, fl, ffl, æ, œ, w.

De la Ponctuation en général.

Bien que les langues soient différentes, elles n'ont pourtant que sept sortes de ponctuations.

1 , *Incisum* ou virgule.

2 : *Comma* ou deux points.

3 . *Punctum* ou point.

6

4 ? Interrogant.
5 ! Admiratif.
6 ( ) Parenthèse.
7 - Division.

Le premier caractère est appelé en latin *incisum*, et en français *virgule*; il sert pour séparer les mots et simples sentimens d'une matière.

Le second est appelé *comma*, tant par les Grecs que par les Latins : il sert à serrer les sentences d'une matière.

Le troisième, nommé *colum* par les Grecs, par les Latins *punctum*, et en français *point*, est pour marquer la fin d'une matière.

Le quatrième est appelé *interrogant* : il se met à la fin d'une sentence par interrogation, comme : Nicolas est-il là ?

Le cinquième diffère un peu du quatrième en figure, et est appelé *admi-*

ratif, marquant l'admiration, comme qui dirait : O Dieu ! quel malheur !

Le sixième est appelé *parenthèse* () : il sert à enfermer une sentence, qui se peut tirer de la matière.

Et le septième et dernier est appelé *division* : il sert pour mettre au bout des lignes, lorsque le mot n'est pas entier.

~~~~~~~~~~~~~~~~~~~~

Des Accens.

L'ACCENT est un trait mis sur les lettres servant à la différence de la prononciation.

L'accent aigu s'emploie dans aimé pour aime, frappé pour frappe, offensé pour offense.

L'accent grave s'emploie au mot *où*, qui est en latin *ubi*, au lieu de *ou*, qui est en latin *vel*.

L'accent circonflexe s'emploie dans

les mots bête pour bete , tête pour
tete.

Il y a encore l'*apostrophe*, laquelle
marque l'élision de quelque voyelle ,
comme d'honneur pour de honneur ;
d'autrui pour de autrui ; qu'iceux pour
que iceux , et divers autres dont la
lecture donnera connaissance au dis-
ciple.

———————

LA
CIVILITÉ FRANÇAISE.

PRÉCEPTES.

MES Enfans, c'est pour vous princi-
palement que ce livre a été fait : péné-
trez-vous bien de ce qu'il renferme.
Son auteur n'a pu être guidé dans son
travail par la vanité : son but a été de
vous faire connaître amicalement ce
qu'il faut savoir pour bien vivre avec
soi-même et avec les autres.

De ce qu'on doit à Dieu.

LA crainte de Dieu est le commencement de la sagesse, dit le Sage ; c'est
la première chose que vous devez apprendre.

2. Si vous voulez donc savoir ce que
vous devez à Dieu, vous devez croire
en lui et à lui, espérer en sa divine

bonté, et l'aimer par dessus toutes choses : voilà l'abrégé de tous vos devoirs à l'égard de Dieu.

3. Vous vous acquitterez du premier en apprenant parfaitement les mystères de la loi dans le Catéchisme; et ce premier vous fera passer au second; car celui qui connaît Dieu, et ce qu'il est, met en lui toute son espérance.

4. L'amour de Dieu est une suite nécessaire de l'accomplissement de ces deux devoirs : s'il est dans votre cœur, vous posséderez un grand trésor, le plus grand de tous les biens et de toûs les honneurs.

5. Assistez au saint sacrifice de la Messe chaque jour, autant que vous le pourrez, et le plus dévotement qu'il vous sera possible. Si allant par les rues, vous voyez qu'on porte le Saint-Sacrement à quelque malade, quand vous en serez proche, mettez-vous à genoux jusqu'à ce qu'il soit passé ; et si vos affaires

vous le permettent, accompagnez - le
jusqu'à l'Eglise.

6. Ne passez jamais dans aucune Eglise
sans saluer révéremment et adorer Jésus-
Christ qui y repose, et honorez le Saint
auquel elle est dédiée; rendez le même
respect aux Croix que vous rencon-
trerez.

7. Conservez en vous un grand sentiment de Dieu et des choses sacrées,
pour ne rien faire qui ne soit à propos:
faites paraître par votre extérieur que
vous êtes Chrétien, et tenez à honneur
d'en faire les actions.

~~~~~~~~~~~~~~~~~~~~~~~~~~~~~~

*Des fautes que l'on peut faire contre
la Civilité, en agissant contre la
loi de Dieu.*

LES juremens et les blasphêmes sont
les plus grandes fautes que l'on puisse
faire contre les lois de la bienséance.

2. Ainsi ne jurez jamais, ne vous
habituez pas même à jurer votre foi :

il suffit d'user de ces paroles, quand il
est nécessaire d'affirmer quelque chose :
assurément, monsieur, cela est ;
sans en dire davantage.

3. Vous serez plutôt cru en parlant
doucement et avec modération, que si
vous vous mettiez en colère pour dé-
fendre ce que vous avancez.

4. Les paroles trop libres ne sont pas
moins contre la Civilité que les juremens ; et elles offensent Dieu, en même
temps qu'elles blessent le monde.

5. Si on en dit en votre présence,
coupez adroitement le discours ; ou si
vous ne pouvez faire changer l'entre-
tien, quittez la compagnie après l'avoir
saluée, et vous être honnêtement excusé.

De ce que l'Enfant doit à son pro-
chain , et premièrement de ses
devoirs envers ses Supérieurs.

Sous ce mot de prochain sont compris
vos supérieurs, vos semblables, et ceux
qui sont moindres que vous.

Des devoirs des enfans envers leurs Supérieurs.

Devoirs envers les Maîtres et Maîtresses.

Devoirs envers les Vieillards.

2. Vos supérieurs sont vos pères et mères, vos oncles, vos tantes, vos maîtres et vos maîtresses, et toutes personnes qui sont au-dessus de vous, à raison de leur dignité, ou à cause de leur autorité.

3. Vous devez quatre choses à vos pères et mères, les aimer, les respecter, leur obéir et les assister.

4. Vous les aimerez, si vous leur voulez du bien; et pourquoi ne souhaiteriez-vous pas du bien à ceux de qui vous tenez tout ce que vous êtes, qui vous ont donné l'être, et qui ne travaillent que pour vous conserver leurs biens, ou pour vous amasser quelque chose?

5. Les respecter, c'est leur rendre tous les hommages qui leur sont dus, leur parler avec révérence, toujours debout, ne jamais passer devant eux sans les saluer, et ne jamais parler de leurs défauts.

6. Vous leur obéirez, si vous faites

promptement et de bon cœur tout ce qu'ils vous commandent, sans murmurer et secouer la tête, ce qui est une faute digne de châtiment.

7. Les assister, c'est les secourir autant que l'on peut dans la vieillesse et dans leurs maladies, les consoler dans leurs afflictions, et les soulager; s'il arrive qu'ils viennent à tomber dans la pauvreté, à quoi on peut ajouter les aider après leur mort par des prières. On ne vous dit point ici les raisons de ces devoirs; c'est à la nature à parler en vous à ce sujet.

A quoi l'on est obligé à l'égard de ses Maîtres et Maîtresses.

Vos maîtres et maîtresses tenant à votre égard la place de Dieu, vous leur devez au moins l'honneur et l'obéissance.

2. Vous les honorerez, si vous les

avez en estime, si vous ne dites que
du bien d'eux, si vous ne leur parlez
jamais qu'avec respect et à tête découverte.

3. Vous ne pourrez jamais rendre à
vos maîtres et maîtresses autant qu'ils
vous donnent, et vous ne reconnaîtrez
jamais assez la peine qu'ils prennent
pour vous faire apprendre quelque
chose.

4. Ayez soin de faire exactement ce
qu'ils vous diront pour ce qui regarde
votre devoir dans l'école ; soumettez-
vous à leurs corrections, quand ils vous
avertissent de vos défauts, ou qu'ils
vous enseignent votre devoir.

5. C'est une incivilité très-grande de
parler en mauvaise part d'une personne
que l'on a eu autrefois pour maître;
comme si on avait oublié l'obligation
qu'on lui a.

~~~~~~~~~~~~~~~~~~~~~~~~~

Du respect que les Enfans doivent aux Ministres de la Religion.

Ayez toujours beaucoup de vénération pour les ecclésiastiques, et ne passez jamais devant aucun, que vous ne lui fassiez la révérence, si mal vêtu qu'il puisse être.

2. Honorez en sa personne le Dieu qu'il sert, à qui il appartient de près par son ministère; et n'examinez point tant la qualité de ses mœurs, si elles sont bonnes ou mauvaises, que le caractère sacré qu'il porte.

3. Si vous passez devant un évêque, vous vous mettrez à genoux pour recevoir sa bénédiction, particulièrement s'il est revêtu de son rocher et de son camail; et si vous avez à lui parler, vous l'appellerez Monseigneur.

4. S'il arrive que vous entendiez dire que quelque ecclésiastique soit de mauvaise vie, ne prêtez jamais l'oreille

à de tels discours ; soyez encore moins curieux de ce qu'on dit de lui : ainsi le veut le respect que vous lui devez.

4. Servez même volontiers à la sainte messe , vous ne pouvez recevoir un plus grand honneur ; tâchez de le faire de bonne grâce , avec respect intérieur et extérieur.

Du respect que les Enfans doivent aux Vieillards et aux Personnes constituées en dignité.

L'HONNEUR est dans celui qui honore ; et ainsi, plus vous porterez d'honneur aux personnes qui le méritent , plus vous serez estimé honnête.

2. La vieillesse seule est quelque chose de vénérable : ne manquez point de lui porter respect, puisque le Saint-Esprit même vous en fait leçon.

3. Et gardez-vous bien de vous moquer des défauts des vieillards, de leur imbécillité de corps ou d'esprit.

4. Honorez chacun selon son rang
et son mérite, les magistrats et les gens
de justice, puisque leur autorité vient
de Dieu.

5. La manière d'honorer ces personnes, est de leur faire la révérence
en vous levant quand ils passent, ou
quand vous passez devant eux, en les
saluant; d'en parler toujours honora-
blement, et de porter du respect à tout
ce qui leur appartient.

~~~~~~~~~~~~~~~~~~~~~~~~~

*Des fautes dont l'Enfant doit se
donner de garde, pour ne rien
faire contre la Civilité à l'égard du
prochain.*

Les fautes contre la politesse sont
d'autant plus grandes, que les personnes
que vous offensez sont plus considérables, ou qu'elles vous touchent de
plus près.

2. Railler son prochain, le contre-

Ce qu'il faut faire en sortant du lit.

Sur le même Sujet.

Du Coucher.

faire, lui faire des reproches sur quelque défaut du corps, ou sur quelque faute qu'il aura faite, cela n'appartient qu'à des bouffons et à des esprits mal faits.

3. Ne vous divertissez donc jamais par des discours qui blessent tant soit peu la charité.

4. Faire des rapports pour mettre les personnes en division et en querelles, quand même ce que l'on dirait serait vrai, c'est la marque d'un esprit brouillon et fort mal tourné.

5. User de fraude et de tromperie, c'est se mettre en danger de n'avoir plus aucune créance parmi les hommes; ainsi évitez ces défauts, si vous voulez passer pour une personne d'honneur.

De ce qu'il faut faire en sortant du lit.

Sitôt que vous serez levé, faites d'abord le signe de la croix, et donnez

B

aussitôt votre cœur à Dieu , et ne soyez pas du nombre de ceux qu'on a bien de la peine à faire lever : même si vous avez la prudence et l'honneur en recommandation, vous ne souffrirez pas qu'aucune personne d'autre sexe entre dans votre chambre pendant que vous y êtes couché : ainsi vous la tiendrez fermée de votre côté.

2. Levez-vous avec tant de circonspection, qu'aucune partie de votre corps ne paraisse nue , quand même vous seriez seul dans la chambre. Si vous avez quelqu'un qui fasse votre lit, ne le laissez pas néanmoins découvert quand vous en sortez ; remettez au moins la couverture.

5. Prenez d'abord les habits qui vous couvriront le plus, pour cacher ce que la nature ne veut pas qui paraisse , et faites cela pour le respect de la majesté d'un Dieu qui vous voit : ne sortez jamais de la chambre à demi vêtu.

4. Accoutumez - vous à garder le

silence , ou à parler de quelque chose de bon en vous habillant : lorsque vous serez entièrement vêtu et bien peigné , employez au moins un quart-d'heure de temps pour faire vos prières à genoux, devant quelque dé-vote image , après avoir pris de l'eau bénite.

5. Si vous êtes dans la chambre de vos pères et mères, donnez-leur en-suite le bon jour en vous courbant tant soit peu vers eux pour leur faire la révérence : mais il ne faut pas faire cela que vos prières ne soient achevées.

6. Si vous n'êtes pas dans la même chambre, vous vous transporterez dans le lieu où ils sont pour leur rendre ce respect, s'ils sont en état de le re-cevoir. Ne sortez pas de la maison sans avoir satisfait à ce devoir.

~~~~~~~~~~~~~~~~~~~~~~~~~~

Sur le même sujet.

LORSQUE vous commencerez à vous connaître , couchez seul autant que vous pourrez ; au moins ne souffrez point avec vous aucune personne de sexe différent, quand ce serait votre père ou votre mère : cela est très-contraire à l'honnêteté aussi-bien qu'à la pureté.

2. Quand vous satisferez à vos besoins naturels, ne le faites pas en présence du monde, et gardez l'honneur partout.

3. Il est sain de laver ses mains et son visage le matin , et même encore ses yeux avec de l'eau fraîche pour conserver sa vue.

4. Tenez vos habits nets et vos souliers sans ordures.

5. Pour ce qui est de la qualité de vos habits, suivez la coutume du pays

Manière de se comporter dans les rues.

Ne manges pas par les rues.

Ne coures pas en sautant.

et les façons de faire des personnes de votre condition.

~~~~~~~~~~~~~~~~~~~~~~~~~~~~~~~~

De la manière avec laquelle l'enfant doit se comporter dans les rues.

Donnez-vous de garde que vos bas ne tombent, faute d'être attachés.

2. Ne marchez pas si doucement qu'il semble que vous comptiez vos pas, et ne vous hâtez pas non plus trop fort. Que votre marche ne soit ni trop lente ni trop précipitée.

3. Tenez-vous droit sans affectation.

4. Ne courez pas les rues en sautant et vous dandinant, cela n'est pas pardonnable à un enfant qui fait profession de bienséance.

5. Il est contre la civilité de manger dans les rues, et de traîner ses pieds en marchant, d'avoir les mains pendantes contre terre, ou de remuer les

bras comme si c'était des avirons, pour faire plus de chemin.

6. Ne marchez pas sur la pointe de vos pieds, ni en dansant, ni en vous entre-taillant les talons; encore moins ne donnez pas du pied contre les cailloux, comme si vous les vouliez déplacer.

7. Il n'est pas honnête de mettre ses mains sur son dos en marchant, car c'est la marque des gens oisifs, et il ne faut pas les imiter.

De la vue.

Les yeux sont l'image de l'âme ; ainsi vous voyez la nécessité de bien régler votre vue. Si la nature ne vous a pas donné des yeux doux et gracieux, corrigez ce défaut par une contenance gaie et modeste, et ne les rendez pas plus mauvais par votre négligence.

2. Faire des grimaces pour se rendre

affreux, contrefaire le louche pour faire
rire les autres, c'est une des plus grandes fautes que puisse faire un enfant,
puisqu'il se perd la vue.

3. Ne tenez point votre vue si fort
attachée à un objet ; car c'est la marque
d'un esprit pensif, ou qui machine quelque chose ; encore moins n'ayez pas les
yeux trop égarés ou effrayés, c'est un
signe de légèreté ou de folie. Ne regardez jamais fixement le soleil, ou une
chandelle, de peur de vous faire mal
aux yeux.

4. C'est une incivilité de regarder une
personne en tenant un œil fermé ; et ce
n'est pas une moindre rusticité de regarder par-dessus l'épaule, en tournant
la tête, c'est une marque de mépris.

5. Regarder une personne de travers
annonce de la cruauté ; cela n'est permis
qu'à un maître envers ses disciples, ou
ses domestiques, pour les reprendre
quand ils manquent.

6. N'ouvrez pas si fort les yeux, et

4

ne tenez pas la vue fort baissée, si ce
n'est que vous aspiriez à l'état ecclésiastique ; car pour lors il est bon de vous
accoutumer à la mortification de vos
sens ; et de vous tenir dans une plus
grande modestie, puisqu'elle est bien-
séante à cet état.

7. La meilleure règle que l'on puisse
vous donner, c'est de faire en sorte que
vos regards soient doux, naturels et
sans affectation ; de sorte que l'on ne
remarque en vous aucune passion ou
affection déréglées.

~~~~~~~~~~~~~~~~~~~~~~~~~~

De la manière d'entendre la sainte Messe.

JE ne crois pas que vous veuillez manquer à la messe les dimanches ou les
fêtes, puisque vous devez être porté à
y assister chaque jour, quand la com-
modité vous le permet. L'Eglise est la
maison de Dieu, où Jésus-Christ vous

attend pour y recevoir vos hommages.
Voyez donc avec quelle modestie vous
devez vous y présenter.

2. En y entrant, vous prendrez de
l'eau-bénite que vous mettrez sur votre
front, comme en forme de petite croix.
Pendant cette action vous pourrez penser à la grâce que Dieu vous a faite de
recevoir le saint baptême, par lequel
vous avez eu entrée dans l'église.

3. La coutume est en certains pays,
si vous êtes en compagnie extraordinaire, si vous marchez le premier entre des personnes de votre état, de
présenter de l'eau-bénite à ceux qui
vous suivent, particulièrement quand
il n'y en a que deux ou trois. Je ne
sais néanmoins si cette cérémonie doit
être approuvée : ne vous en servez donc
que rarement.

4. Etant entré dans l'église, vous ferez une révérence très-profonde au
très-saint Sacrement : ne vous asseyez
jamais pendant les messes basses, si

5

vous n'êtes incommodé; l'on peut s'as-
seoir pendant les messes qui se chan-
tent, en certains temps, selon la coutume de l'église; mais jamais après
l'élévation, après laquelle on doit être
toujours à deux genoux.

5. La coutume est de se lever à
l'Évangile, qui est la parole de Dieu,
pour faire voir que l'on est prêt à faire
ce que Jésus-Christ nous commande :
en quelque lieu aussi on se lève à la
Préface ; il semble qu'il faut faire comme les autres. Quand on commence
l'Évangile, on fait le signe de la croix
sur le front, sur la bouche, et sur le
cœur.

6. Il est de mauvaise grâce de causer
pendant la sainte messe, de tourner la
tête, ou de n'avoir qu'un genou en
terre.

7. Ne vous appuyez pas et ne dites
pas vos prières si haut que vous incommodiez ceux qui sont auprès de
vous.

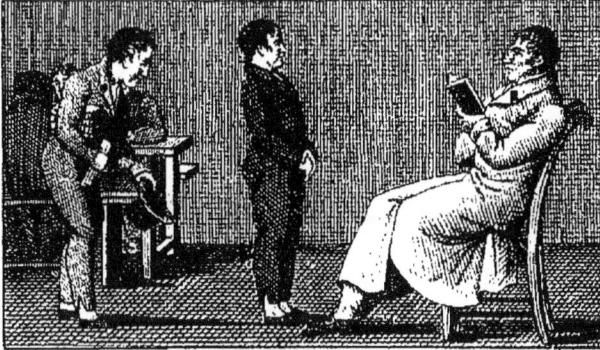

Manière de se comporter à l'Ecole.

Sur le même Sujet.

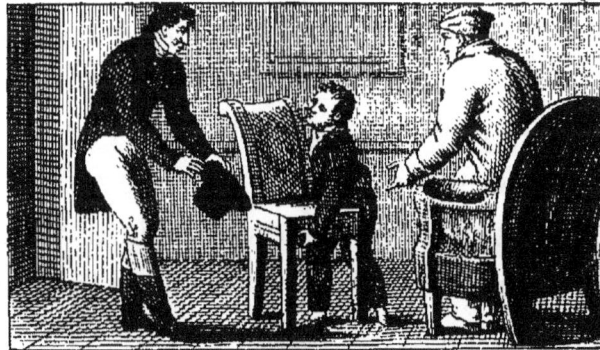

Offrez des Siéges.

~~~~~~~~~~~~~~~~~~~~~~~~~~~~~~~~~~~~

De la manière avec laquelle l'enfant doit se comporter à l'école.

Sɪ vous ne pouvez pas assister à la sainte messe , entrez au moins dans l'église pour y faire quelques courtes prières avant que d'aller à l'école, pour recommander à Dieu vos études.

2. Il faut vous découvrir en entrant dans l'école, soit pour faire la révérence à votre maître s'il y est, soit pour saluer vos compagnons ; car il ne faut pas oublier aucun devoir de civilité, si familier que l'on puisse être avec quelqu'un.

3. Ne changez pas facilement de place pour être tantôt dans un lieu, tantôt dans un autre : demeurez dans celle que le maître vous a donnée ; ne soyez pas incommode à vos compagnons, en poussant l'un, et en heurtant l'autre. Si quelqu'un n'en use pas de même à votre égard, souffrez-le pour l'amour

6

de Dieu, sans vous plaindre; cela est aussi de l'honnêteté.

4. Il est indécent d'étudier ou de lire quelques livres hors de propos, au lieu d'étudier sa leçon.

5. Ne soyez pas assez mal-honnête et assez peu obligeant pour refuser à vos compagnons, dans le besoin, de l'encre, des plumes, ou autres choses, s'il arrivait qu'ils eussent oublié d'en apporter.

6. Ne causez point dans l'école; et si quelqu'un vous accuse injustement auprès du maître, de quoi que ce puisse être, n'en ayez point de ressentiment ou de désir de vous venger : il suffira dans le temps de faire connaître au maître votre innocence, si la chose le mérite, sans vous échauffer davantage.

7. C'est une marque d'un esprit méchant de témoigner de la joie quand on reprend ou qu'on châtie quelqu'un : gardez-vous bien de tomber dans cette faute.

De la manière de parler dans la conversation.

MES chers enfans, ne soyez pas du nombre de ceux qui parlent sans cesse, et qui ne donnent pas le temps aux autres de dire ce qu'ils pensent : si quelqu'un parle, laissez-lui achever ce qu'il a à dire, écoutez-le sans l'interrompre ni couper son discours.

2. Ne parlez ni trop haut ni trop bas : faites en sorte que vos discours soient doux et honnêtes, familiers et sans affectation, tant en ce que vous dites qu'en la manière de le dire.

3. Prenez garde aux personnes avec qui vous conversez; ayez égard à savoir leur condition, et étudiez leurs humeurs. Ne proposez pas des questions difficiles où les autres n'entendent rien. Ne parlez pas facilement de ce que l'on sait que vous aimez, et en quoi on sait

que vous êtes habile, si on ne vous en prie.

4. Une gravité trop grande est ennuyeuse et insupportable : il la faut éviter aussi bien que la légèreté.

5. N'allez pas dans les compagnies où vous savez que l'on ne vous voit pas volontiers, si on ne vous y demande.

6. Si deux personnes étaient en difficulté, ou de sentiment contraire, n'embrassez aucun parti; mais accommodez-les le mieux que vous pourrez.

7. Ne vous mêlez pas de reprendre personne, à moins que vous n'y soyez obligé, ou que ce ne soit pour quelque chose de conséquence.

8. Il est contre la civilité d'user tout exprès de mauvais langage, particulièrement en présence des personnes à qui on doit du respect. Il est aussi contre l'honnêteté de faire des gestes en parlant, comme de tourner les bras, branler la tête, ou tenir une autre posture que la posture naturelle.

9. Si quelqu'un en parlant a de la peine à trouver ses mots, ne lui suggérez point ce qu'il faut dire, si ce n'était qu'il vous fût inférieur, et que ce ne fût pour l'instruire.

10. Si vous vous trouvez en compagnie, gardez-vous bien de demander de quoi l'on parle, à moins que vous ne soyez le maître de la compagnie ; et si c'est vous qui parlez, quand une personne d'autorité arrive, il est bon que vous répétiez en peu de mots ce que vous avez commencé. Ne faites point aussi jamais répéter une personne qui parle, en lui disant : *comment dites-vous ? je ne vous ai pas entendu*, ou autre chose semblable.

11. Quand ceux qui vous commandent parlent à quelqu'un, il ne faut pas parler à d'autres, ou rire, ni vous divertir pendant ce temps-là : il ne faut pas écouter ce que l'on dit, et ne jamais parler en secret à personne, encore moins retirer quelqu'un de la com-

paguie pour lui parler en particulier.

12. Ne répandez pas des nouvelles incertaines. Il ne faut jamais non plus révéler ce qui vous aurait été dit en secret; quand même on ne vous aurait pas recommandé de n'en point parler.

13. Il ne faut pas être long à raconter les choses, particulièrement quand elles sont de peu d'importance, et ne faire jamais de disgression inutile.

14. Tenez vos promesses, c'est le fait d'un homme d'honneur : mais ne les faites pas si à la légère, que vous n'ayez bien pensé si vous les pourrez accomplir facilement.

~~~~~~~~~~~~~~~~~~~~~~

Maximes touchant les louanges.

GARDEZ-VOUS bien de vous vanter, ou de dire aucune chose à votre avantage; cela est insupportable à ceux qui vous écoutent, et qui pensent que vous voulez vous élever au-dessus d'eux.

2. Comme c'est une sottise de faire votre éloge, c'est aussi une imprudence de découvrir vos défauts: ne dites donc jamais de vous ni bien ni mal; l'humilité est dans le cœur.

3. Si quelqu'un vous loue, n'en témoignez pas de la joie, cela annonce une personne qui aime à être flattée; mais excusez-vous modestement, ou coupez le discours; ce ne sera pas pour lors une incivilité : si c'est une personne qui soit beaucoup au-dessus de vous, en baissant les yeux, faites-lui la révérence.

4. Si on loue quelqu'un en votre présence, il ne faut pas dire : d'autres ont encore plus de mérite, car toutes comparaisons sont odieuses, et vous pourriez vous compromettre.

5. Ne louez jamais personne extraordinairement, comme si vous vouliez porter les autres à suivre votre sentiment : vous pourrez néanmoins et devez dire du bien de ceux qui le mé-

ritent; mais sans exagération et sans aucune comparaison; vous devez aussi prendre garde que ce ne soit point en présence de leurs ennemis.

6. Flatter, c'est dire de quelqu'un du bien qu'il n'a pas, ou en dire plus qu'il n'en a. Cette action est lâche, et dangereuse en ce qu'elle peut porter à la présomption et à l'oubli de leurs devoirs, les personnes qu'elle favorise.

~~~~~~~~~~~~~~~~~~~~~~~~~~~

Maximes de prudence.

Si quelqu'un, par distraction, par étourderie, dit ou fait en votre présence quelque chose qui ne soit point à dire ou à faire, ne relevez point la parole ou l'action; on ne doit jamais chercher à humilier personne.

2. Ne vous moquez d'aucune personne, quand même ce qu'elle aurait avancé vous semblerait peu raisonnable, et ne la méprisez pas pour cela : peut-

être que vous ne concevez pas sa pensée ; si elle vous était inférieure, et
qu'elle dît des choses si hors de propos
qu'elles eussent des suites fâcheuses,
vous seriez obligé de la reprendre,
encore faudrait-il le faire doucement et
sans affecter un air d'autorité.

3. Si quelqu'un vous dit des paroles
injurieuses, ne répondez pas, et ne
vous mettez pas en devoir de vous dé-
fendre, mais prenez tout en jeu : si
un autre vous défend, témoignez que
vous ne vous trouvez pas choqué.

4. Il est de mauvaise grâce et contre
la charité de faire des rapports de ce
que quelqu'un pourrait vous avoir dit
ou fait, particulièrement quand les
choses ne sont point de grande conséquence ; et prenez garde que la passion
ne vous les fasse paraître bien grandes.

5. Gardez-vous bien de contrefaire
qui que ce puisse être, ni en ses actions ni en ses paroles, parce que c'est
le propre des bouffons, et cela choque

plus que les paroles injurieuses, quand la personne intéressée vient à le savoir.

6. Il ne faut pas s'emporter dans les disputes ; c'est assez de dire son sentiment, et de l'appuyer de bonnes raisons, doucement et sans chaleur : la condescendance chrétienne veut que l'on suive plutôt le sentiment de ceux qui sont en plus grand nombre.

~~~~~~~~~~~~~~~~~~~~~~~~

Manière de saluer en se rencontrant.

Si dans le chemin vous rencontrez une personne qui vous semble de mérite, ou par son âge, ou par sa qualité, vous la saluerez honnêtement sans beaucoup vous retourner vers elle, si ce n'est que vous la connaissiez particulièrement.

2. Il ne faut pas qu'un jeune enfant fasse difficulté de saluer les personnes qu'il rencontre, particulièrement si ces rencontres ne sont pas fréquentes, parce qu'il y a de l'honneur à honorer les autres.

3. La coutume de Paris est de ne saluer que ceux que l'on connaît, à cause du luxe et du faste qui règnent dans cette ville, où la qualité des personnes est méconnaissable : il ne faut pas néanmoins refuser ce droit aux ecclésiastiques et aux religieux.

4. Si une personne vous salue et vous arrête dans le chemin, il faut lui rendre au moins autant qu'il vous donne, pourvu qu'il ne vous soit pas tout-à-fait inférieur. Il ne faut pas dire à toutes personnes : Comment vous portez-vous ? mais seulement à ceux qui vous sont à peu près semblables, et que vous connaissez particulièrement.

5. Dans la rencontre d'une personne d'honneur, ou qui vous est semblable, donnez-lui le haut bout, et vous retirez tant soit peu au milieu de la rue pour lui faire honneur.

6. Il est de mauvaise grâce de dire à une personne : Couvrez-vous, monsieur ; si ce n'est qu'il soit votre infé-

rieur; à vos semblables, vous pourrez dire : Couvrons-nous.

7. Si on vous dit de vous couvrir, il faut le faire incontinent, sans attendre qu'on vous l'ait dit trois fois : si la personne qui vous parle est aussi découverte, ne vous couvrez pas le premier, mais faites-le ensemble.

~~~~~~~~~~~~~~~~~~~~~~~~~~~~~~~

Manière de qualifier les personnes à qui l'on parle, et de souscrire les lettres.

En parlant au Roi, vous vous servirez de ce terme : Sire, Votre Majesté : aux princes, Monseigneur, Votre Altesse : aux grands seigneurs, Monseigneur, Votre Excellence.

2. Pour l'état ecclésiastique, quand on parle au Pape, comme il est vicaire de Jésus-Christ, on dit : Saint-Père, Votre Sainteté : aux cardinaux, Monseigneur, Votre Eminence; aux Evê-

ques , Votre Grandeur ; aux abbés,
moines et généraux d'ordre, mon Très-
Révérend Père , Votre Révérence ; aux
religieux, mon Révérend Père , et à
toutes autres personnes de l'état ecclésiastique et séculière qui ont un peu
d'apparence, l'on se sert de ce terme,
Monsieur.

3. On appelle les artisans ou gens de
village, mon Maître ; les petits enfans,
mon fils, mon petit garçon : et en
parlant à son père ou à sa mère, c'est
mal dit, père, mère ; il faut dire mon
Père, ma Mère.

4. Ne vous servez pas si facilement de
ces mots , tu, toi, à moins que la personne à qui vous parlez ne vous soit
beaucoup inférieure, comme sont les
jeunes enfans à l'égard de leur père et
mère, et les serviteurs à l'égard de leurs
maîtres : cela se fait quelquefois entre
amis, pour marque de familiarité ; mais
il ne faut pas l'imiter.

5. Il est contre la bienséance d'appeler

une personne autrement que par son propre nom, en lui donnant des sobriquets ; et quand d'autres le feraient, il ne faut pas les imiter.

6. L'on met les mêmes qualités quand on écrit que quand on parle : si l'on écrivait à une personne de qualité, ou à une personne à qui on voulût faire honneur, il faudrait laisser un grand vide entre Monseigneur et le commencement de la lettre.

7. C'est une incivilité et une grossièreté d'esprit de souscrire des lettres adressées aux personnes de qualité, en mettant votre affectionné; ce terme ne devant être que pour les personnes de moindre ou de semblable condition; il faut se servir de ces termes : Votre très-humble et très-obéissant serviteur.

~~~~~~~~~~~~~~~~~~~~

Du Port et du Maintien extérieur.

Il ne faut point baisser le dos, comme si vous aviez un grand fardeau sur

Du maintien extérieur.

Sur le même Sujet.

Sur le même Sujet.

les épaules; mais tenez-vous toujours droit, et accoutumez-vous à cette posture.

2. Ne mettez pas votre chapeau sur l'oreille, ni trop sur le devant de la tête, comme si vous vouliez cacher votre visage; voyez comme font les honnêtes gens.

3. Portez votre manteau sur les deux épaules, et non pas retroussé sous le bras : il est encore plus ridicule de le porter sur le coude.

4. Ne mettez pas les bras aux côtés, comme font ces femmes qui sont en colère, et qui disent des injures à leurs voisines.

5. Il est incivil de branler les jambes quand on est assis, comme font les petits enfans qui ne peuvent s'en empêcher.

6. Il ne faut pas aussi mettre une jambe sur l'autre, cela n'appartient qu'aux grands seigneurs et aux maîtres; mais tenez-les fermes et arrêtées, les

C

pieds également joints, et non croisés l'un sur l'autre.

7. Voyez comme font les honnêtes gens ; tâchez d'imiter leur façon de faire : ils sont pour vous des règles de civilité et de bienséance.

~~~~~~~~~~~~~~~~~~~~~~~~~~~

Manière de recevoir les Visites.

Il serait incivil de faire attendre quelqu'un dans la rue ou à la porte ; il faut se présenter tout de suite à la personne qui vient rendre visite , en allant même au-devant d'elle le plus décemment que la circonstance le permet. Il serait encore plus incivil de laisser les personnes debout : il faut aussitôt offrir des siéges selon la dignité des personnes.

2. Il ne faut jamais dans les visites qu'on reçoit paraître s'ennuyer , en demandant, par exemple, quelle heure

Il est honnête de conduire jusqu'à la porte.

Il ne faut pas parroître s'ennuyer.

Ne tournes pas le dos au feu.

il est. Si cependant on avait quelque chose de pressé à faire, on le pourrait en priant d'excuser.

3. Lorsque les personnes se retirent, il est de l'honnêteté de les conduire jusqu'à la porte, en luttant quelque temps contre leur résistance s'ils veulent s'y opposer. Il faut en user de même à l'égard des personnes de considération qui quittent la compagnie, en demandant permission à ceux qui restent.

~~~~~~~~~~~~~~~~~~~~~~~~~~~~~~

Manière de se moucher, cracher et éternuer, sans manquer à la Civilité.

Bien que toutes les actions soient naturelles, et quelquefois nécessaires, il y a néanmoins manière de les faire pour ne point pécher contre les règles de la Civilité. Quand vous aurez besoin de cracher, tournez-vous tant soit peu le visage de côté, en sorte que vous n'incommodiez personne; mettez incontinent le pied sur votre crachat.

2. Il est de mauvaise grâce de cracher par la fenêtre dans les rues ou sur le feu, et en tout autre lieu où on ne pourrait marcher sur le crachat.

3. Ne crachez pas si loin qu'il faille aller chercher le crachat pour mettre le pied dessus, et encore moins ne crachez vis-à-vis de personne.

4. Pour vous moucher, servez-vous de votre mouchoir, et ne regardez pas dedans après vous être mouché.

5. Il ne faut pas non plus faire un grand bruit en se mouchant comme pour sonner de la trompette; mais on doit se comporter tellement, qu'à peine ceux qui sont présens puissent s'en apercevoir.

6. Si vous vous sentez disposé à éternuer, tournez-vous tant soit peu de côté, couvrez votre visage avec le mouchoir, et remerciez la compa-

gnie qui vous aura salué, en lui faisant la révérence.

7. Il faut s'abstenir de bâiller en compagnie, autant que l'on peut, parce que c'est une marque d'ennui; si néanmoins on y était contraint, il faudrait s'abstenir de parler alors, et mettre le mouchoir ou la main devant la bouche, après avoir tourné la tête.

Comment on doit se comporter au feu.

APPRENEZ à vous comporter auprès du feu, comme en toute autre rencontre. L'honnêteté veut que l'on cède toujours la place la plus honorable et la plus commode aux personnes du plus grand mérite.

2. La place d'honneur est celle du milieu.

3. Ne vous approchez pas assez près du feu pour vous brûler les jambes ;

3

et encore moins ne mettez pas les mains dans la flamme.

4. Toucher au feu sans cesse, pour approcher les tisons les uns des autres, ou pour changer la disposition du feu, c'est la marque d'un esprit turbulent, et qui ne peut rester en repos.

3. En présence d'honnête compagnie, vous ne devez pas tourner le dos au feu; et si quelqu'un se donnait cette liberté à cause de sa prééminence, il ne faudrait pas l'imiter en cela.

6. La Civilité veut que l'on fasse place à ceux qui viennent de nouveau, et que l'on s'incommode un peu en faveur de ceux qui ont le plus besoin de se chauffer.

7. Si quelqu'un jette quelque chose dans le feu, comme lettres, papiers ou autres choses semblables, il est de très-mauvaise grâce de les retirer pour quelque raison que ce puisse être.

Comment on doit se comporter au jeu.

Manière de se comporter à table.

Sur le même Sujet.

Comment on doit se comporter
au Jeu.

LE jeu n'est pas inventé pour gagner de l'argent ou pour faire fortune , mais simplement pour distraire un peu son esprit après l'étude ou le travail : il n'en faut pas faire habitude.

2. Le jeu n'étant que pour se divertir, ceux qui jouent doivent faire paraître un visage gai.

3. Il est contre la bienséance de témoigner une joie extraordinaire quand on gagne, ou de se fâcher quand on perd ; c'est une marque que l'on joue pour le gain.

4. Il est très-incivil de se moquer de celui qui aurait manqué d'adresse en jouant.

5. Les jeux qui exercent le corps, comme la paume, la boule, le volant, sont préférables aux autres , et même à ceux qui exercent et fatiguent trop

4

l'esprit, parce qu'ils demandent plus d'application, comme les échecs, les dames et le piquet.

6. Les jeux de hasard, comme le brelan, le lansquenet, les dés, et autres semblables, devraient être encore plus défendus qu'ils ne sont.

7. Tromper au jeu, c'est un larcin, et si on gagne par cette voie, on est obligé à restitution.

~~~~~~~~~~~~~~~~~~~~~~~~

Manière de se comporter à Table.

Avant de vous mettre à table, il ne faut pas oublier de laver vos mains.

2. Etant ensuite à table avec la compagnie, les mains jointes, attendez qu'on ait donné la bénédiction.

3. Ce devoir appartient aux ecclésiastiques, s'il y en a, ou, à leur défaut, au plus jeune de la compagnie, qui dira ainsi : *Benedicite;* les autres répondront : *Dominus :* il continuera

distinctement et intelligiblement : *Nos et ea, quæ sumus sumpturi benedicat dextera Christi;* et en disant : *In nomine Patris, et Filii, et Spiritûs sancti,* il fera le signe de la Croix sur la table ; et les autres répondront, *Amen.*

4. Ne vous asseyez pas que chacun n'ait pris place, ou au moins gardez votre rang ; et étant assis, ne mettez pas sitôt la main à la serviette pour la déployer devant les autres ; attendez que celui qui précède ait commencé.

5. Vous étendrez votre serviette honnêtement devant vous, en sorte qu'elle couvre jusqu'à la poitrine ; et ayant essuyé votre cuiller avec le bout de votre serviette, vous attendrez que quelqu'un ait commencé à prendre du bouillon dans le plat ou dans son écuelle.

6. Si vous vous servez d'écuelle comme dans les familles, il la faut tellement poser que l'oreille ne soit pas devant vous.

5

Manière de s'asseoir à Table, et d'y manger.

FAITES en sorte de ne vous pas approcher trop de la table, et n'appuyez jamais les coudes dessus : il ne faut pas aussi vous en éloigner si fort qu'à peine y puissiez-vous atteindre; mais il faut être tellement disposé, que vous y ayez les poignets.

2. Il est contre la Civilité de souffler la soupe pour la refroidir, particulièrement quand on est en compagnie : il est plus séant d'attendre, ou de la remuer doucement avec la cuiller. On peut mettre du pain trempé dans le bouillon, sur l'assiette, quand on en change, mais non pas autrement. Il n'est pas aussi honnête de humer sa soupe, quand on se servirait d'écuelles, si ce n'était que ce fût dans la famille, après en avoir pris la plus grande partie avec la cuiller.

3. Si le potage est dans un plat, portez-y la cuiller à votre tour, sans vous précipiter : prenez toujours devant vous ce qui s'y rencontre, sans chercher ailleurs : vous pouvez vous courber un peu pour ne point salir vos habits, mais non pas vous jeter sur les viandes.

4. Après avoir mangé le potage, si vous vous êtes servi d'une écuelle, vous la rendrez à celui qui dessert, ou vous la mettrez en quelque endroit, en sorte qu'elle n'incommode personne ; mais vous ne la jeterez pas à vos pieds.

5. Ne nettoyez pas votre couteau avec votre serviette avant de couper du pain, et n'en coupez pas de trop gros morceaux : ne l'écroûtez pas, coupez-le également, mais non pas sur l'assiette.

6. Ne tenez pas un morceau de pain renfermé dans votre main, comme si vous vouliez le cacher ; mais portez-le à la bouche avec les deux doigts, quand vous voulez manger.

6.

7. Ne tenez pas toujours votre couteau à la main, comme font les gens de village ; il suffit de le prendre lorsque vous voulez vous en servir.

~~~~~~~~~~~~~~~~~~~~~~~~~~~~~~~~~

Sur le même sujet.

Si l'on vous sert de la viande, il n'est pas séant de la prendre avec la main ; mais il faut présenter votre assiette de la main gauche : et tenant votre fourchette ou votre couteau de la droite, recevoir ce que l'on vous donne , en faisant vos remerciemens, et vous inclinant un peu.

2. Néanmoins, le pain, les fruits, les dragées , même les œufs frais ou l'écaille, peuvent se recevoir avec la main.

3. N'emplissez pas tant votre bouche que cela vous empêche de parler, s'il était nécessaire ; et n'y portez rien que les premiers morceaux ne soient avalés.

4. Ne soyez pas avide à manger com-

me font les gourmands, et ne regardez pas ceux qui sont auprès de vous, pour voir ce qu'ils mangent, ou si on leur présente de meilleurs morceaux qu'à vous.

5. Si vous avez mis dans votre bouche quelque morceau qui vous fasse mal, ne le remettez pas sur l'assiette, mais jetez-le dehors en vous tournant la tête de côté, et en vous couvrant un peu le visage de votre serviette.

6. Si vous trouviez quelques cheveux, du charbon, ou autre chose dégoûtante dans les mets, il ne faudrait pas les montrer aux autres, de peur de les dégoûter; mais il faudrait l'ôter si adroitement que personne ne s'en aperçût.

7. Ne parlez point de la qualité des viandes, si elles sont bonnes ou mauvaises : si néanmoins le maître du festin vous demande votre sentiment, vous lui répondrez le plus avantageusement qu'il vous sera possible, sans faire aucune plainte.

Sur le même sujet.

Si vous prenez du sel, que ce ne soit point avec les doigts, mais avec la pointe du couteau, après l'avoir nettoyé, s'il était gras : n'en prenez pas plus que vous n'en voulez user.

2. Il est contre la bienséance de flairer les viandes, et il faut bien se garder de les remettre dans le plat après les avoir flairées.

3. Il est aussi de mauvaise grâce de retourner le plat ; cela n'appartient qu'au maître de la maison, ou à celui qui sert les autres, ce qu'il doit faire même avec discrétion.

4. Coupez avec le couteau, après que vous aurez arrêté la viande qui est dans le plat, avec la fourchette. Vous vous servirez ensuite de cette fourchette, pour porter sur votre assiette ce que vous aurez coupé ; ne prenez donc pas la

viande avec la main, ni un fort gros
morceau à la fois.

5. Il ne faut jeter par terre ni os,
ni coque d'œufs, ni pelure d'aucuns
fruits, ni autre chose qui ne se mange
point, et qui se trouve néanmoins avec
aiande et dans les mets ; il est plus
séant de les poser sur les bords de son
assiette.

6. Il en est de même des noyaux,
que l'on tire plus honnêtement de la
bouche avec les deux doigts, que de
les cracher dans la main.

~~~~~~~~~~~~~~~~~~~~~~~~

Sur le même sujet.

Il est contre la Civilité de boire avant
d'avoir mangé son potage, et même
incontinent après : attendez donc que
vous ayez un peu mangé des viandes,
et ne commencez pas le premier, à
moins que vous ne soyez le maître de
la compagnie, ou que vous n'en ayez

demandé permission, en exposant vos besoins : le meilleur est de s'en abstenir, surtout quand on est des moins considérables d'entre les conviés.

2. Quand on vous présente à boire, il faut essuyer vos doigts à votre serviette, et prendre le verre ou la coupe par le pied, et non pas par le milieu : il faut avoir soin qu'il y ait toujours beaucoup d'eau.

3. Prenez garde que celui qui vous sert n'en mette que ce que vous en pouvez en boire en une fois, et que le verre ne soit pas si plein que vous en renversiez.

4. Essuyez votre bouche avec votre serviette avant de boire : tenez votre vue à ce que vous buvez, sans regarder de côté et d'autre ; après avoir bu, essuyez votre bouche.

5. Ne buvez pas ayant le morceau à la bouche, ni lorsque votre voisin boit, encore moins pendant que celui qui est le plus considérable de la compagnie

a le verre en main ; attendez qu'ils aient bu.

6. Ne buvez ni trop lentement ni trop à la hâte , ni à diverses reprises sans quitter le verre : [il est plus à propos, quand vous ne pouvez tout boire en une fois , de poser le verre, et de laisser le reste pour une autre fois : il est aussi contre la Civilité de faire de longs discours ayant le verre en main.

7. Il ne faut pas boire facilement à la santé de ses semblables, pour marque d'amitié ou de réconciliation : si quelqu'un boit à votre santé, vous devez le remercier honnêtement, et pouvez boire à la sienne en vous inclinant.

~~~~~~~~~~~~~~~~~~~~~~~

Manière de servir à Table entre les Conviés.

C'EST à celui qui est le maître du festin, d'avoir soin de tout, et de déployer le premier sa serviette; s'il est le plus grand en dignité, de demander le premier à boire, ou d'ordonner qu'on en présente aux autres quand il est temps.

2. Quand on traite quelqu'un, il est de la bienséance de lui présenter ce dont il a besoin, même ce qui se trouve près de lui.

3. Si vous êtes invité chez autrui, il est plus décent d'attendre que le maître vous serve, que de prendre des viandes vous-même, si ce n'est qu'il vous prie d'en user librement, et qu'il soit un de vos meilleurs amis.

4. Il est de mauvaise grace de servir les autres hors de sa maison, dans les compagnies où l'on auroit peu de pouvoir, si ce n'est que le nombre des conviés soit grand, et que le maître du festin ne puisse avoir l'œil sur tout ; car pour lors on peut servir ceux qui sont proches de soi.

5. Les jeunes gens et ceux qui sont de moindre considération ne doivent pas se mêler de servir ; mais seulement

prendre pour eux à leur tour, ce qui
est devant eux, ou recevoir honnêtement ce qu'on leur présente.

6. On sert la viande avec la fourchette, non point avec la main ; on la
présente à mesure qu'on la coupe par
morceaux. Celui qui la distribue aux
autres doit se servir le dernier ; et il ne
doit pas prendre le meilleur pour lui.

~~~~~~~~~~~~~~~~~~~~~~~~~~~~~

Manière de servir à Table.

APRÈS que vous aurez étendu proprement la nappe sur la table, vous y pla-
cerez la salière et les assiettes, sur les-
quelles vous mettrez le pain, que vous
couvrirez de la serviette proprement,
si ce n'est que l'on se servît d'écuelles
pour le potage; alors il faut mettre les
écuelles sur les assiettes, et mettre la
serviette à droite avec la fourchette, le
couteau et la cuiller.

2. Ensuite vous laverez les verres et

les disposerez sur le buffet ou sur une
petite table couverte de linge blanc, de
manière que vous ne les changiez pas
quand il vous faudra les présenter.

3. Il faut essuyer les plats par-des-
sous, particulièrement ceux du potage,
de crainte qu'ils ne salissent la nappe ;
les disposer tellement que tous les conviés y puissent atteindre avec la cuiller.

4. Vous ne présenterez point à boire,
que l'on n'ait mangé. Après que le potage sera levé, vous commencerez par
le plus honorable de la compagnie,
en lui présentant le verre de la main
gauche, tenant l'aiguière de la droite,
en gardant les règles de la Civilité qu'on
a coutume de pratiquer quand on présente ou que l'on reçoit quelque chose.

5. S'il est besoin de présenter du pain,
vous le porterez sur une assiette nette,
non pas à la main.

6. Et si on vous ordonne de changer
les assiettes, vous les changerez après
le premier service, en commençant par

celui qui tient le haut bout dans la compagnie, et en continuant vous irez de
suite, rendant une assiette blanche à
mesure que vous ôterez l'autre.

~~~~~~~~~~~~~~~~~~~~~~

Manière d'étudier.

Il est difficile de vous donner des règles pour étudier; elles peuvent être
différentes. Tout ce que l'on peut vous
dire, est de ne prendre ni plumes pour
écrire, ni livres pour lire, que vous ne
vous soyez recommandé à Dieu, et que
vous ne l'ayez prié de vous ouvrir l'esprit.

2. L'expérience vous fera voir l'uti-
lité de cette pratique, et vous connaî-
trez que Dieu est le Père des lumières;
ne vous écartez donc jamais de ce devoir.

3. On ne vous en donne point d'autres pour la lecture ou pour l'écriture,
après les règles que votre maître vous

prescrit, que l'usage. Plus vous lirez, et plus vous écrirez ; plus tôt aussi vous vous rendrez parfait dans ces sciences, comme dans toutes les autres.

4. Ne faites point difficulté de relire plusieurs fois ce que vous avez déjà lu, particulièrement quand les choses le méritent. Ce que vous lirez facilement, vous fera prendre goût à la lecture.

5. N'apprenez rien par mémoire que vous ne l'entendiez parfaitement ; et quoique votre mémoire travaille en étudiant, faites aussi que vous en ayez l'intelligence actuelle; car on profite peu d'apprendre les choses comme les perroquets.

6. Il est bon d'entendre et de concevoir tout ; mais il n'est pas nécessaire de savoir tout par cœur, puisqu'il n'est pas nécessaire de charger sa mémoire de choses inutiles.

7. Le matin est un temps très-propre pour comprendre ce qu'on lit, le soir, pour l'apprendre par cœur: ainsi je suis

d'avis que vous répétiez sur le soir avant de vous coucher, plusieurs fois en votre esprit, ce que vous aurez déjà compris, afin de ne le point oublier si facilement.

~~~~~~~~~~~~~~~~~~~~~~~

Du Coucher.

Avant de vous mettre au lit, vous devez avoir soin, non-seulement de vous recommander à Dieu, en faisant vos prières à genoux, mais encore de vous rappeler vos actions de la journée, pour voir ce qu'elles ont été, et comment elles ont été faites.

2. Priez Dieu qu'il produise en vous, par la vertu de son Esprit, une douleur sincère et véritable qui vous attendrisse le cœur, et vous porte à vous corriger de vos défauts.

3. N'oubliez pas de prendre de l'eau-bénite, en vous munissant du signe de notre salut, de renouveler les protestations de votre Baptême, qui sont de

renoncer au démon, au monde et à ses pompes, et de suivre Jésus-Christ en pratiquant sa doctrine toute sainte.

4. Ne vous déshabillez point en présence des autres; placez vos habits de manière que vous les retrouviez le matin tous ensemble : ne négligez point de voir s'il y manque quelque chose; il ne faut pas aussi oublier de les secouer et épouster, en sorte qu'ils soient toujours propres.

5. Fermez la porte de votre chambre par le dedans; si la nécessité vous contraint de coucher avec quelqu'un, ne vous approchez pas si près, que vous vous incommodiez l'un et l'autre : gardez l'honnêteté partout.

6. Couchez-vous en telle manière que vous soyez tout couvert.

7. Il est contre la bienséance de parler dans le lit; ainsi gardez le silence : entretenez votre esprit de quelque pensée pieuse, ou au moins pensez à vos leçons et les répétez.

~~~~~~~~~~~~~~~~~~~~~~~~~~~~~~~~

Avis très-important à la Jeunesse.

GARDEZ-VOUS bien d'être querelleur ;
c'est la marque d'un esprit bas et lâche
de ne pouvoir souffrir une injure, et
d'une ame peu chrétienne de ne vouloir pas faire gloire de n'avoir point de
ressentiment : faites du bien à vos ennemis, quoi qu'ils puissent faire contre
vous.

2. N'ouvrez pas votre cœur à tout le
monde, chacun n'est pas capable de
garder un secret ; et quoique vous
ayez plusieurs amis, ayez peu de familiarité.

3. Ne vous fiez aux personnes qu'a-
près avoir éprouvé leur fidélité : si on
vous manque de foi, prenez-vous-en
à votre imprudence et à la facilité de
votre esprit, plutôt qu'à la légèreté
de celui qui vous a été infidèle.

4. Ne faites pas à autrui ce que vous

D

ne voudriez pas qui vous fût fait : si
vous n'observez cette loi, attendez-vous
d'être mesuré comme vous aurez mesuré les autres : Dieu le permettra sans
doute , puisqu'il est infaillible à sa parole.

5. Si quelqu'un qui est au-dessus de
vous fait mal en votre présence , dé-
tournez votre vue, et ne vous rendez
pas témoin d'une mauvaise action.

6. Étudiez-vous à vous rendre sincère : tâchez d'être en réputation de
bonne foi et d'une personne de parole,
sur qui l'on peut compter ; c'est la plus
honorable qualité que vous puissiez
avoir.

7. N'entreprenez jamais aucune af-
faire d'importance, sans avoir pris con-
seil de personnes sages et désintéres-
sées : écoutez sérieusement ce qu'elles
vous diront, sans vous entêter de suivre vos propres sentimens.

COMMANDEMENS DE DIEU.

Voici les principaux commandemens donnés par Dieu à son peuple privilégié sur le mont Sinaï. Ils doivent à jamais nous servir de règle de conduite.

« Je suis le Seigneur votre Dieu, qui vous ai tirés de l'Egypte, de la maison de servitude.

» Vous n'aurez point de dieux étrangers devant moi.

» Vous ne ferez point d'image taillée, ni aucune figure de ce qui est en haut dans le ciel, et en bas sur la terre, ni de tout ce qui est dans les eaux, sous la terre.

» Vous ne les adorerez point, et vous ne leur rendrez point le souverain culte ; car je suis le Seigneur votre Dieu, le Dieu fort et jaloux, qui venge l'iniquité des pères jusqu'à la troisième et quatrième génération, dans ceux qui me haïssent ; et qui fait miséricorde dans la suite de mille générations à ceux qui m'aiment et qui gardent mes préceptes.

» Vous ne prendrez point en vain le nom du Seigneur votre Dieu ; car le Seigneur ne tiendra pas pour innocent celui qui aura pris en vain le nom du Seigneur son Dieu.

» Souvenéz-vous de sanctifier le jour du sabbat.

» Vous travaillerez durant six jours, et vous y ferez tout ce que vous aurez à faire.

» Mais le septième jour est le jour du repos, consacré au Seigneur votre Dieu ; vous ne ferez en ce jour aucun ouvrage, ni vous, ni votre fille, ni votre serviteur, ni votre servante, ni vos bêtes de service, ni l'étranger qui sera dans l'enceinte de vos villes.

» Car le Seigneur a fait en six jours le ciel, la terre et la mer, et tout ce qui y est renfermé, et il s'est reposé le septième jour ; c'est pourquoi le Sei-

gneur a béni le jour du sabbat, et l'a
sanctifié.

» Honorez votre père et votre mère,
afin que vous viviez long-temps sur la
terre que le Seigneur votre Dieu vous
donnera.

» Vous ne tuerez point.

» Vous ne déroberez point.

» Vous ne porterez point de faux
témoignage contre votre prochain.

» Vous ne désirerez pas la maison
de votre prochain ; vous ne désirerez
point sa femme, ni son serviteur, ni sa
servante, ni son bœuf, ni son âne,
ni aucune de toutes les choses qui lui
appartiennent. »

Autres lois imposées par le Seigneur
à son peuple, et qui sont obliga-
toires pour tous les hommes.

« Vous n'attristerez et n'affligerez
point l'étranger, parce que vous avez
été étrangers vous-mêmes dans le pays
d'Egypte.

» Vous ne ferez point tort à la veuve
et à l'orphelin.

» Si vous les offensez en quelque
chose, ils crieront vers moi, et j'écou-
terai leurs cris; et ma fureur s'allumera
contre vous : je vous ferai périr par
l'épée, et vos femmes deviendront
veuves, et vos enfans orphelins.

» Si vous prêtez de l'argent à ceux
de mon peuple qui sont pauvres parmi
vous, vous ne les pressurerez pas comme
un exacteur impitoyable, et vous ne les
accablerez point par des usures.

» Si votre prochain vous a donné
son habit pour gage, vous le lui rendrez avant que le soleil soit couché ;
car le seul habit qu'il a pour se vêtir,
c'est celui dont il se sert pour couvrir
son corps; il n'en a point d'autre pour
mettre sur lui quand il dort : s'il crie
vers moi, je l'exaucerai, parce que je
suis bon et compatissant.

» Vous ne recevrez pas la parole de
mensonge, et vous ne prêterez pas la

main à l'impie, pour porter un faux témoignage en sa faveur.

» Vous ne vous laisserez pas emporter à la multitude pour faire le mal; et dans le jugement, vous ne vous rendrez pas à l'avis du plus grand nombre, pour vous détourner de la vérité.

» Si vous rencontrez le bœuf de votre ennemi, ou son âne, lorsqu'il est égaré, vous le lui ramenerez.

» Si vous voyez l'âne de celui qui vous hait, tombé sous sa charge, vous ne passerez point outre, mais vous aiderez à le relever.

» Vous ne vous écarterez pas de la justice pour condamner le pauvre.

» Vous fuirez le mensonge, vous ne ferez point mourir l'innocent et le juste, parce que j'abhorre l'impie.

» Vous ne recevrez point de présens, parce qu'ils aveuglent les sages même, et qu'ils corrompent les jugemens des justes.

» Lorsque vous ferez la moisson dans

4

vos champs, vous ne couperez point
jusqu'au pied ce qui sera crû sur la
terre, et vous ne ramasserez pas les
épis qui seront restés.

» Vous ne recueillerez point aussi
dans votre vigne, les grappes qui restent,
ni les grains qui tombent; mais vous les
laisserez prendre aux pauvres et aux
étrangers : je suis le Seigneur votre
Dieu.

» Vous ne calomnierez point votre
prochain, et vous ne l'opprimerez
point par violence. Le prix du mer-
cenaire qui vous donne son travail,
ne demeurera pas chez vous jusqu'au
matin.

» Vous ne parlerez point mal du
sourd, et vous ne mettrez rien devant
l'aveugle qui puisse le faire tomber.

» Vous ne ferez rien contre l'équité,
et vous ne jugerez point injustement.
N'ayez point d'égard, contre la justice,
à la personne du pauvre, et ne res-
pectez pas, contre la justice, la per-

sonne de l'homme puissant. Jugez votre prochain selon la justice.

» Ne cherchez point à vous venger, et ne conservez point le souvenir de l'injure de vos concitoyens. Vous aimerez votre ami comme vous-même.

» Levez-vous devant ceux qui ont les cheveux blancs ; honorez la personne du vieillard.

» Ne faites rien contre l'équité, ni dans les jugemens, ni dans ce qui sert de règle, ni dans les poids, ni dans les mesures.

» Que la balance soit juste, et les poids tels qu'ils doivent être ; que le boisseau soit juste, et que le setier ait sa mesure. »

BASES

DE

NOTRE CROYANCE RELIGIEUSE.

La Création et le Péché du premier homme.

Au commencement, dit l'Ecriture sainte elle-même, Dieu créa le ciel et la terre. La terre était informe et toute nue; les ténèbres couvraient la face de l'abîme, et l'esprit de Dieu était porté sur les eaux.

Dieu dit : que la lumière soit faite, et la lumière fut faite. Il sépara ensuite la lumière d'avec les ténèbres. Il donna à la lumière le nom de jour, et aux ténèbres le nom de nuit; et du soir et du matin se fit le premier jour.

Dieu dit : que le firmament soit fait au milieu des eaux, et qu'il sépare les eaux d'avec les eaux, et le firmament fut fait, et Dieu donna au firmament le nom de ciel; et du soir et du matin se fit le second jour.

Le troisième jour, Dieu dit encore : que les eaux qui sont sous le ciel se rassemblent en un seul lieu, et que l'élément aride paraisse; et cela se fit ainsi. Il donna à l'élément aride le nom de terre, et il appela mer toutes ces eaux rassemblées. Ensuite il commanda que la terre produisît des plantes et des arbres de toute espèce qui renfermassent en eux-mêmes leur semence pour se reproduire sur la terre; et cela fut ainsi fait.

Le quatrième jour, Dieu fit le soleil, la lune et les étoiles.

Le cinquième, il créa les poissons et les oiseaux, en leur disant : *Croissez et multipliez.*

Le sixième, il créa toutes les espèces d'animaux qui devaient peupler la terre. Il dit ensuite : faisons l'homme à notre image et à notre ressemblance, et qu'il commande aux poissons ; aux oiseaux, à tous les autres animaux, à toute la terre. Le corps de l'homme fut formé du limon de la terre; Dieu souffla ensuite sur lui pour l'animer : c'est pourquoi notre corps est susceptible de corruption, comme tout ce qui vient de la terre, et notre âme est immortelle comme tout ce qui tient à Dieu.

Après avoir créé l'homme, Dieu le plaça dans le Paradis terrestre : c'était un jardin délicieux, où il y avait des arbres de toute espèce qui portaient d'excellens fruits.

Il dit ensuite : il n'est pas bon que l'homme soit seul ; faisons-lui une aide semblable à lui. Il lui envoya donc un profond sommeil ; et pendant qu'il dormait, il tira une de ses côtes, et en forma la femme, qu'il amena à Adam. Alors Adam dit : Voilà l'os de mes os et la chair de ma chair : c'est pourquoi l'homme quittera son père et sa mère et s'attachera à sa femme, et à deux ils seront comme s'ils n'étaient qu'un. Dieu bénit l'homme et la femme, et il leur dit : Croissez et multipliez ; remplissez la terre et dominez sur tous les animaux.

Dieu avait donc fait le ciel et la terre avec tous leurs ornemens en six jours. Le septième, il se reposa, et à cause de cela il bénit et sanctifia le septième jour.

En mettant l'homme et la femme dans le Paradis terrestre, Dieu leur avait dit : Ne mangez point du fruit de l'arbre de la science du bien et du mal ; car au même temps que vous en mangerez, vous mourrez très-certainement.

Le démon, jaloux du bonheur de l'homme, se cacha sous la figure du serpent, et il dit à la femme : Pourquoi Dieu vous a-t-il commandé de ne pas manger du fruit de tous les arbres du Paradis ?

La femme lui répondit : Nous mangeons du fruit des arbres qui sont dans le Paradis; mais pour ce qui est du fruit de l'arbre qui est au milieu du Paradis, Dieu nous a commandé de n'en point manger et de n'y point toucher, de peur que nous ne fussions en danger de mourir. Le serpent répartit à la femme : Assurément, vous ne mourrez point; mais c'est que Dieu sait qu'aussitôt que vous aurez mangé de ce fruit, vos yeux seront ouverts, et vous serez comme des dieux, connaissant le bien et le mal.

La femme considéra donc que le fruit de cet arbre était bon à manger, qu'il était beau et agréable à la vue; et en ayant pris, elle en mangea et en donna à Adam, qui en mangea aussi. En même temps leurs yeux furent ouverts à tous deux; ils reconnurent qu'ils étaient nus, et ils entrelacèrent des feuilles de figuier, et s'en firent de quoi se couvrir. Et comme ils eurent entendu la voix de Dieu, ils se reti-

rèrent au milieu des arbres du Paradis, pour se cacher de devant sa face.
Alors Dieu appela Adam, et lui dit :
Où êtes - vous ? Adam lui répondit :
J'ai entendu votre voix dans le Paradis, et j'ai eu peur, parce que j'étais
nu : c'est pourquoi je me suis caché.
Le Seigneur lui répartit : Et d'où avez-
vous su que vous étiez nu, sinon de
ce que vous avez mangé du fruit de
l'arbre dont je vous avais défendu de
manger ? Adam répondit : La femme
que vous m'avez donnée pour com-
pagne m'a présenté du fruit de cet
arbre, et j'en ai mangé. Dieu dit à la
femme : Pourquoi avez-vous fait cela ?
Elle répondit : Le serpent m'a trompé,
et j'ai mangé de ce fruit.

Alors Dieu dit au serpent : Tu es mau-
dit entre tous les animaux ; tu rampe-
ras sur le ventre, et tu mangeras la terre
tous les jours de ta vie. Je mettrai une
inimitié entre toi et la femme, entre sa race et la tienne ; elle te brisera

la tête, et tu tâcheras de la mordre au talon.

Dieu dit aussi à la femme : Je vous affligerai de plusieurs maux pendant votre grossesse : vous enfanterez avec douleur ; vous serez sous la puissance de votre mari, et il vous dominera. Il dit ensuite à Adam : Parce que vous avez écouté la voix de votre femme, et que vous avez mangé du fruit de l'arbre dont je vous avais défendu de manger, la terre sera maudite, et vous n'en tirerez de quoi vous nourrir pendant toute votre vie, qu'avec beaucoup de travail. Vous mangerez votre pain à la sueur de votre visage, jusqu'à ce que vous retourniez en la terre d'où vous avez été tiré ; car vous êtes poudre, et vous retournerez en poudre.

Puis Dieu chassa Adam et Ève du Paradis terrestre ; et après les avoir chassés, il en fit garder l'entrée par des Chérubins armés d'une épée foudroyante.

Dieu se fait homme , pour racheter
par ses souffrances , les hommes
de la tache du péché originel.

LE péché du premier homme avait
imprimé sur son front une tache, qui,
se perpétuant de génération en génération, devait lui porter préjudice même
au-delà de cette vie. Les Prophètes pré-
dirent long-temps que Dieu, dans son
ineffable bonté, prendrait lui - même la
forme humaine pour effacer cette tache,
en expiant cruellement la faute qui l'a-
vait faite. Le moment vint enfin où ce
Sauveur du monde devait paraître au
milieu des hommes.

Marie habitait la ville de Nazareth;
elle avait épousé un homme de la maison de David, nommé Joseph. Un jour
qu'elle était seule, l'ange Gabriel lui
apparut, et lui dit : « Je vous salue,
Marie pleine de grâces; le Seigneur est
avec vous, vous êtes bénie entre toutes
les femmes. »

Ces paroles troublèrent Marie. « Ne
craignez point, Marie, ajouta l'envoyé
céleste, car vous avez trouvé grâce devant Dieu. Vous concevrez dans votre
sein, et vous enfanterez un fils, à qui
vous donnerez le nom de Jésus. Il sera
grand, et sera appelé le Fils du Très-
Haut. Le Seigneur Dieu lui donnera le
trône de David, son père. Il régnera
éternellement sur la maison de Jacob,
et son règne n'aura pas de fin. Voici
la servante du Seigneur, répondit Marie; qu'il me soit fait suivant votre
parole. »

Les paroles de l'Ange s'accomplirent
effectivement. Ce fut à Bethléem, et
dans une étable, que Marie donna le
jour au Sauveur du monde. Elle voya-
geait alors avec son époux pour obéir
à un édit de César-Auguste, qui, com-
mandant un dénombrement de tous les
habitans de l'empire romain, voulait
que chacun allât se faire inscrire dans
sa ville. Quoique Joseph habitât Naza-

reth, il vint, pour satisfaire à cet édit, à Bethléem, parce qu'il était de la maison et de la famille de David.

A ce moment, il y avait aux environs de Bethléem des bergers qui passaient la nuit dans les champs, veillant tour-à-tour à la garde de leur troupeau. Tout d'un coup un Ange du Seigneur se présenta à eux, et une lumière divine les environna : ce qui les remplit d'une extrême crainte. Alors l'Ange leur dit : Ne craignez point, car je viens vous apporter une nouvelle qui sera, pour tout le peuple, le sujet d'une grande joie ; c'est qu'aujourd'hui dans la ville de David, il nous est né un Sauveur qui est le Christ, le Seigneur, et voici la marque à laquelle vous le reconnaîtrez : vous trouverez un enfant emmailloté, couché dans une crêche. Au même instant, il se joignit à l'Ange une grande troupe de l'armée céleste, louant Dieu et disant : *Gloire à Dieu, au plus haut des cieux, et paix*

*sur la terre aux hommes chéris de
Dieu!*

Après que les Anges se furent retirés
dans le ciel, les bergers se dirent l'un
à l'autre : Passons jusqu'à Bethléem,
et voyons ce qui est arrivé, et ce que
le Seigneur nous a fait connaître. S'é-
tant donc hâtés d'y aller, ils trouvè-
rent Marie et Joseph, et l'enfant couché
dans une crêche; et l'ayant vu, ils reconnurent la vérité de ce qui leur avait
été dit touchant cet enfant : et, averties
par les mêmes moyens, il vint aussi
des personnes considérables des pays
éloignés qui rendirent hommage au
Christ. En même temps, on entendit,
de tous côtés, des prophètes annon-
cer que le Sauveur promis au monde,
était né, et que les grandes merveilles,
annoncées depuis des siècles au peuple de Dieu, allaient s'accomplir.

ABRÉGÉ

DU.

CATÉCHISME

POUR

LES JEUNES ENFANS.

CHAPITRE PREMIER.

Qu'est-ce que Dieu ?

Dieu est le Créateur du ciel et de la terre, et le souverain Seigneur de toutes choses.

Y a-t-il plusieurs Dieux?

Non, il n'y a qu'un Dieu, et il n'y en peut avoir plusieurs.

Où est Dieu ?

Dieu est au ciel, en la terre et en tous lieux.

Dieu a-t-il toujours été ?

Dieu a toujours été, il n'a point eu de commencement, et il n'aura jamais de fin.

Pourquoi Dieu nous a-t-il créés ?

Dieu nous a créés pour le connaître, l'aimer et le servir, par ce moyen obtenir la vie éternelle.

Y a-t-il plusieurs personnes en Dieu ?

Oui , il y a plusieurs personnes en Dieu.

Combien y en a-t-il ?

Il y en a trois ; savoir , le Père , le Fils, e.
le Saint-Esprit.

Le Père est-il Dieu ?

Oui , le Père est Dieu.

Le Fils est-il Dieu ?

Oui , le Fils est Dieu.

Le Saint-Esprit est-il Dieu ?

Oui , le Saint-Esprit est Dieu.

Sont-ce trois Dieux ?

Non , ce sont trois personnes, et ces trois
personnes ne sont qu'un seul Dieu.

CHAPITRE II.

*Y a t-il quelqu'une de ces personnes qui se soit
faite homme ?*

Oui.

Laquelle est-ce ?

C'est le Fils.

Où s'est-il fait homme ?

Le Fils s'est fait homme dans le sein de la
bienheureuse Vierge Marie , sa mère , par
l'opération du Saint-Esprit.

Pourquoi s'est-il fait homme ?

Il s'est fait homme pour nous racheter de

l'esclavage du péché et des peines de l'enfer , et pour nous mériter la vie éternelle.

Quel jour a-t-il été conçu dans le sein de la Vierge ?

Il a été conçu dans le sein de la Vierge, le jour de l'Annonciation.

Quel jour est-il né ?

Il est né le jour de Noël.

Quel jour a-t-il été adoré des Mages ?

Il a été adoré des Mages le jour de l'Epiphanie, que l'on appelle le jour des Rois.

Quel jour a-t-il institué le très-saint Sacrement de l'Eucharistie ?

Il a institué le Sacrement de l'Eucharistie le Jeudi-saint.

Quel jour est-il mort ?

Il est mort le Vendredi-saint.

Quel jour est-il ressuscité ?

Il est ressuscité le jour de Pâque.

Quel jour est-il monté au ciel?

Il est monté au ciel le jour de l'Ascension.

Quel jour a-t-il envoyé le Saint-Esprit à ses Apôtres ?

Il a envoyé le Saint-Esprit à ses Apôtres le jour de la Pentecôte.

Quels sont les mystères qu'il faut croire et savoir en particulier pour être sauvé ?

Ce sont les Mystères de la sainte Trinité, de l'Incarnation et de la Rédemption.

Qu'entendez-vous par le Mystère de la sainte Trinité?

J'entends un Dieu en trois personnes : le Père, le Fils, et le Saint-Esprit.

Qu'est-ce que le Mystère de l'Incarnation?

C'est le Mystère du Fils de Dieu fait homme.

Qu'est-ce que le Mystère de la Rédemption?

C'est le Mystère de J.-C., Fils de Dieu, mort sur la croix pour racheter tous les hommes.

~~~~~~~~~~~~~~~~~~~~~~~~~~~~

CHAPITRE III.

Qu'est-ce qu'un Sacrement ?

Un Sacrement est un signe sensible, institué par notre Seigneur J.-C., pour nous sanctifier.

Combien y a-t-il de Sacremens ?

Il y a sept Sacremens.

Qui sont-ils ?

Le Baptême, la Confirmation, l'Eucharistie, la Pénitence, l'Extrême-Onction, l'Ordre et le Mariage.

Qu'est-ce que le Baptême?

Le Baptême est un Sacrement qui nous régénère en J.-C., en nous donnant la vie spirituelle de la grâce, et qui nous fait enfans de Dieu et de l'Eglise.

Qu'est-ce que la Confirmation?

La Confirmation est un Sacrement qui nous

donne le Saint-Esprit avec l'abondance de ses grâces, pour nous rendre parfaits Chrétiens, et pour nous faire confesser la foi de J.-C., au péril de notre vie.

Qu'est-ce que l'Eucharistie ?

L'Eucharistie est un Sacrement qui contient réellement et en vérité le Corps, le Sang, l'Ame et la Divinité de notre Seigneur J.-C., sous les espèces du pain et du vin.

Qu'est-ce que la Pénitence ?

La Pénitence est un Sacrement qui remet les péchés commis après le Baptême.

Y a-t-il quelques conditions nécessaires pour recevoir, par ce Sacrement, la rémission de ses péchés ?

Oui.

Combien y en a-t-il ?

Il y a cinq conditions : La première, c'est d'examiner sa conscience ; La seconde, être marri d'avoir offensé Dieu ; La troisième, faire un ferme propos de ne le plus offenser ; La quatrième, confesser tous ses péchés au Prêtre ; La cinquième, être dans la résolution sincère de satisfaire à Dieu et à son prochain.

Qu'est-ce que l'Extrême-Onction ?

L'Extrême-Onction est un Sacrement établi pour le soulagement spirituel et corporel des malades.

E

Qu'est-ce que l'Ordre ?

L'Ordre est un Sacrement qui donne le pouvoir de faire les fonctions ecclésiastiques, et la grâce pour les exercer saintement.

Qu'est-ce que le Mariage ?

Le Mariage est un Sacrement qui donne la grâce pour sanctifier la société légitime de l'homme et de la femme.

CHAPITRE IV.

Combien y a-t-il de Vertus théologales ?

Il y a trois Vertus théologales, la Foi, l'Espérance et la Charité.

Faites un Acte de Foi.

Mon Dieu, je crois fermement toutes les vérités que vous m'avez révélées, et que l'Eglise me propose de croire, parce que vous ne pouvez mentir.

Faites un Acte d'Espérance.

Mon Dieu, j'espère en vous, et mon salut, par les mérites de J.-C., mon Sauveur.

Faites un Acte de Charité, ou d'Amour de Dieu.

Mon Dieu, je vous aime par-dessus toutes choses, parce que vous êtes infiniment bon et infiniment aimable.

Faites un Acte d'Amour du prochain.

Mon Dieu, j'aime mon prochain comme moi-même pour l'amour de vous.

~~~~~~~~~~~~~~~~~~~~~~~~

CHAPITRE V.

Est-ce assez d'être baptisé et d'avoir la foi pour être sauvé ?

Non, il faut encore garder les Commandemens de Dieu et de l'Eglise.

Combien y a-t-il de Commandemens de Dieu?

Il y a dix Commandemens de Dieu.

Qui sont-ils ?

1. Un seul Dieu tu adoreras,
   Et aimeras parfaitement.

2. Dieu en vain tu ne jureras,
   N'autre chose pareillement.

3. Les Dimanches tu garderas,
   En servant Dieu dévotement.

4. Tes père et mère honoreras,
   Afin que vives longuement.

5. Homicide point ne seras,
   De fait ni volontairement.

6. Luxurieux point ne seras,
   De corps ni de consentement.

7. Le bien d'autrui tu ne prendras,
   Ni retiendras à ton escient.

8. Faux témoignage ne diras,
   Ni mentiras aucunement.

9. L'œuvre de chair ne désireras ,
Qu'en mariage seulement.

10. Biens d'autrui ne convoiteras,
Pour les avoir injustement.

Combien y a-t-il de Commandemens de l'Eglise ?

Il y a six Commandemens de l'Eglise.

Qui sont-ils ?

1. Les fêtes tu sanctifieras,
Qui te sont de commandement.

2. Les Dimanches la Messe ouïras,
Et les Fêtes pareillement.

3. Tous tes péchés confesseras,
A tout le moins une fois l'an.

4. Ton Créateur tu recevras,
Au moins à Pâque humblement.

5. Quatre Temps, Vigiles, jeûneras,
Et le Carême entièrement.

6. Vendredi chair ne mangeras,
Ni le Samedi mêmement.

CHAPITRE VI.

PRIÈRES DU MATIN.

Le signe de la Croix.

In nomine Patris, et Filii , et Spiritûs sancti.

Au nom du Père, et du Fils, et du Saint-Esprit.

L'Oraison Dominicale.

Pater noster, qui es in cœlis, sanctificetur nomen tuum : adveniat regnum tuum : fiat voluntas tua, sicut in cœlo et in terrâ : panem nostrum quotidianum da nobis hodiè : et dimitte nobis debita nostra, sicut et nos dimittimus debitoribus nostris : et ne nos inducas in tentationem : sed libera nos à malo. Amen.

Notre Père, qui êtes aux cieux, que votre nom soit sanctifié : que votre règne arrive : que votre volonté soit faite en la terre comme au ciel : donnez-nous aujourd'hui notre pain quotidien : et nous pardonnez nos offenses comme nous les pardonnons à ceux qui nous ont offensés : et ne nous induisez point en tentation ; mais délivrez-nous du mal. Ainsi soit-il.

La Salutation Angélique.

Ave, Maria, gratiâ plena; Dominus tecum, benedicta tu in mulieribus, et benedictus fructus ventris tui Jesus.

Sancta Maria, mater Dei, ora pro nobis peccatoribus, nunc et in horâ mortis nostræ. Amen.

Je vous salue, Marie, pleine de grâce ; le Seigneur est avec vous : vous êtes bénie entre toutes les femmes, et Jésus le fruit de votre ventre est béni.

3

Sainte Marie, mère de Dieu, priez pour nous pauvres pécheurs, maintenant et à l'heure de notre mort. Ainsi soit-il.

Le Symbole des Apôtres.

Credo in Deum Patrem omnipotentem, Creatorem cœli et terræ: et in Jesum Christum Filium ejus unicum, Dominum nostrum, qui conceptus est de Spiritu sancto, natus ex Mariâ Virgine, passus sub Pontio Pilato, crucifixus, mortuus et sepultus : descendit ad inferos : tertiâ die resurrexit à mortuis : ascendit ad cœlos, sedet ad dexteram Dei Patris omnipotentis: inde venturus est judicare vivos et mortuos.

Credo in Spiritum sanctum, sanctam Ecclesiam Catholicam, Sanctorum communionem, remissionem peccatorum, carnis resurrectionem, vitam æternam. Amen.

Je crois en Dieu, Père tout-puissant, Créateur du ciel et de la terre, et en Jésus-Christ son Fils unique, notre Seigneur, qui a été conçu du Saint-Esprit, est né de la Vierge Marie, a souffert sous Ponce Pilate, a été crucifié, est mort, et a été enseveli ; qui est descendu aux enfers, et le troisième jour est ressuscité des morts ; est monté aux cieux, est assis à la droite de Dieu le père tout-puissant, d'où il viendra juger les vivans et les morts.

Je crois au Saint-Esprit, la sainte Eglise Catholique, la communion des Saints, la rémission des péchés, la résurrection de la chair, la vie éternelle. Ainsi soit-il.

Confession des péchés.

Confiteor Deo omnipotenti, beatæ Mariæ semper virgini, beato Michaëli Archangelo, beato Joanni-Baptistæ, Sanctis Apostolis Petro et Paulo, omnibus Sanctis : quia peccavi nimis cogitatione, verbo et opere : meâ culpâ, meâ culpâ, meâ maximâ culpâ. Ideò precor beatam Mariam semper virginem, beatum Joannem-Baptistam, Sanctos Apostolos Petrum et Paulum, omnes Sanctos, orare pro me ad Dominum Deum nostrum.

Je confesse à Dieu tout-puissant, à la bienheureuse Marie toujours vierge, à saint Michel Archange, à saint Jean-Baptiste, aux Apôtres saint Pierre et saint Paul, à tous les Saints, que j'ai beaucoup péché par pensées, par paroles et par action : c'est ma faute, c'est ma faute, c'est ma très-grande faute. C'est pourquoi je supplie la bienheureuse Marie toujours Vierge, saint Michel Archange, saint Jean-Baptiste, les Apôtres saint Pierre et saint Paul, tous les Saints, de prier pour moi le Seigneur notre Dieu.

Pour demander à Dieu la grâce de passer la journée sans l'offenser.

Domine Deus omnipotens, qui ad principium hujus diei nos pervenire fecisti, tuâ nos hodiè salva virtute; ut in hâc die ad nullum declinemus peccatum; sed semper ad tuam justitiam faciendam nostra procedant eloquia, dirigantur cogitationes et opera; Per, etc.

Seigneur, Dieu tout-puissant, qui nous avez fait arriver au commencement de ce jour, conservez-nous aujourd'hui par votre puissance, et faites que durant le cours de cette journée, nous ne nous laissions aller à aucun péché; mais que toutes nos paroles, nos pensées et nos actions ne tendent qu'à accomplir les règles de votre justice.

Bénédiction de la Table.

Benedicite.

Dominus.

Bénédiction. Nos, et ea, quæ sumus sumpturi, benedicat dextera Christi.

In nomine Patris, et Filii, et Spiritûs sancti. Amen.

Bénissez.

Que ce soit le Seigneur.

Bénédiction. Que la main de Jésus-Christ nous bénisse, et la nourriture que nous allons prendre.

Au nom du Père, du Fils, et du Saint-Esprit. Ainsi soit-il.

Grâces.

Agimus tibi gratias, omnipotens Deus, pro universis beneficiis tuis : Qui vivis et regnas in sæcula sæculorum. Amen.

Beata viscera Mariæ Virginis, quæ portaverunt æterni Patris Filium !

Et beata ubera quæ lactaverunt Christum Dominum !

Fidelium animæ per misericordiam Dei requiescant in pace. Amen.

Nous vous rendons grâces de tous vos bienfaits, ô Dieu tout-puissant, qui vivez et régnez dans tous les siècles des siècles. Ainsi soit-il.

Heureuses les entrailles de la Vierge Marie, qui ont porté le Fils du Père éternel !

Et heureuses les mamelles qui ont allaité J.-C. notre Seigneur.

Que les âmes des Fidèles reposent en paix, par la miséricorde de Dieu. Ainsi soit-il.

PRIÈRES DU SOIR.

In nomine Patris. Pater. Ave. Credo.

Après le Credo, *il faut faire l'examen de conscience, et ensuite dire* Confiteor, *comme aux prières du matin,* page 103.

5

Prière pour demander à Dieu qu'il nous conserve pendant la nuit.

Visita quæsumus, Domine, habitationem istam, et omnes insidias inimici ab eâ longè repelle : Angeli tui sancti habitent in eâ, qui nos in pace custodiant; et benedictio tua sit super nos semper ; Per Christum Dominum nostrum.

Nous vous supplions, Seigneur, de visiter cette demeure, et d'en éloigner tous les piéges de l'ennemi ; que vos saints Anges y habitent pour nous y conserver en paix ; et que votre bénédiction demeure toujours sur nous ; Par J.-C. notre Seigneur.

Avant la Confession.

Exaudi, quæsumus, Domine, supplicum preces, et confitentium tibi parce peccatis, ut pariter nobis indulgentiam tribuas benignus et pacem; Per, etc.

Exaucez, Seigneur, les très-humbles prières de ceux qui s'adressent à vous; et remettez les péchés de ceux qui vous les confessent, afin que nous recevions en même temps de vous le pardon et la paix; Par J.-C. notre Seigneur.

Après la Confession.

Præsta nobis, æterne Salvator, ut percipientes tuo munere veniam peccatorum, deinceps peccata vitemus; Qui, etc.

Accordez-nous, ô Sauveur éternel, qu'ayant reçu par la grâce de ce Sacrement le pardon de nos péchés, nous les évitions désormais; Vous qui vivez et régnez.

Avant la Communion.

Deus qui nobis sub Sacramento mirabili Passionis tuæ memoriam reliquisti : tribue, quæsumus, ita nos Corporis et Sanguinis tui sacra mysteria venerari, ut redemptionis tuæ fructum in nobis jugiter sentiamus; Qui vivis et regnas.

O Dieu, qui nous avez laissé la mémoire de votre Passion dans cet admirable Sacrement, faites-nous la grâce de révérer de telle sorte les sacrés mystères de votre Corps et de votre Sang, que nous ressentions sans cesse en nous les fruits de votre rédemption ; Vous qui étant Dieu vivez et régnez. Ainsi soit-il.

Domine, non sum dignus ut intres sub tectum meum; sed tantum dic verbum, et sanabitur anima mea.

Seigneur, je ne suis pas digne que vous entriez dans ma maison ; mais dites seulement une parole, et mon âme sera guérie.

Après la Communion.

Mentes nostras et corpora possideat, quæs

6

mus, Domine, doni cœlestis operatio, ut non
noster sensus in nobis, sed jugiter ejus præ-
veniat effectus.

Nous vous supplions, Seigneur, que la vertu
de ce don céleste possède nos corps et nos
âmes; afin que ce ne soit pas notre propre
sens qui nous fasse agir, mais que l'effet de ce
Sacrement nous prévienne et nous conduise
sans cesse.

Salutaris Hostiæ participatione, quæsumus,
Domine, ut nos ipsos tibi holocaustum facias
sempiternum.

Seigneur, que la participation de cette Vic-
time salutaire nous fasse devenir nous-mêmes
votre holocauste éternel.

Fac nos, quæsumus, Domine, divinitatis
tuæ sempiternâ fruitione repleri, quam pre-
tiosi Corporis et Sanguinis tui temporalis per-
ceptio præfigurat; Qui vivis et regnas in sæcula
sæculorum.

Faites, s'il vous plaît, Seigneur, que nous
soyons pleinement rassasiés par l'éternelle
jouissance de votre divinité, qui nous est figurée ici-bas par la réception temporelle de votre
sacré Corps et de votre précieux Sang; vous
qui vivez et régnez dans tous les siècles des
ècles. Ainsi soit-il.

~~~~~~~~~~~~~~~~~~~~~~~~~~~~~~~~

PRINCIPES D'ORTHOGRAPHE.

L'ORTHOGRAPHE est l'art d'écrire les mots d'une langue, comme ils doivent être écrits. Fort souvent, une lettre ou un accent de plus ou de moins suffisent pour changer entièrement la significa- tion d'un mot. Il est donc utile, et même indispensablement nécessaire de con- naître au moins les principales règles de l'Orthographe.

Orthographe des Noms.

La plupart des noms substantifs prennent une *s* au pluriel : *un homme, une rue : des hommes, des rues.*

Quand une *s*, un *x*, ou un *z*, se trouve au singulier d'un nom, il le conserve tout naturellement au pluriel.

Les noms, dont la terminaison au singulier, est *au, eu, ou,* prennent *x* au pluriel : *le bateau, les bateaux ; le feu, les feux; le caillou, les cailloux.*

La plus grande partie des noms qui qui se terminent au singulier par *al*, *ail*, font *aux* à leur pluriel : *l'animal, des animaux; un bail, des baux…* On dit un *aïeul*, le *ciel*, un *œil*, au singulier; et au pluriel, des *aïeux*, les *cieux*, des *yeux*.

Dans les noms terminés en *ant*, et en *ent*, le pluriel se forme ordinairement, en changeant le *t* en *s* : l'*enfant*, les *enfans*; mais, au pluriel, les monosyllabes gardent le *t* avant l's : le *gant*, les *gants*; la *dent*, les *dents*.

LES ADJECTIFS.

Cette règle s'applique nécessairement aux adjectifs; ils dépendent absolument des noms. Si le nom qu'ils accompagnent est au singulier, il faut les y mettre eux - mêmes ; s'il est au pluriel, l'adjectif doit y être aussi.

Si le nom est au masculin, l'adjectif prend le masculin; un *beau cavalier*, un *beau papier*. Il en est de même du féminin : une *belle dame*, une *belle feuille de papier*.

Les adjectifs dont la dernière lettre est un *e* muet, sont les seuls qui, au masculin et au féminin, ont la même terminaison : un *homme habile*, un *séjour agréable*; une *femme habile*, une *promenade agréable*; un *soldat fidèle*, une *troupe fidèle*; un *garçon tranquille*, une *fille tranquille*.

Les adjectifs qui se terminent en *é*, *ai*, *i*, *u*, au masculin, prennent un *e* muet au féminin : un *homme sensé*, *vrai*, *poli*, *ingénu*; une *femme sensée*, *vraie*, *polie*, *ingénue*.

Les adjectifs masculins en *el*, *ul*, *eil*, font au féminin *elle*, *ulle*, *eille* : *homme immortel*, *femme immortelle*; *nul*, *nulle*; *vermeil*, *vermeille*.

Les adjectifs en *c*, comme *blanc*, *franc*, *sec*, *caduc*, *grec*, *public*, *turc*, font au féminin, *blanche*, *franche*, *sèche*, *caduque*, *grecque*, *publique*, *turque*.

Les adjectifs en *f* font leur féminin en *v* : *bref*, *brève* ; *vif*, *vive*.

Ceux qui se terminent en *eur* font leur féminin en *euse* : *trompeur*, *trompeuse* ; *menteur*, *menteuse*.

Ceux dont la terminaison est en *x* se changent en *se* : *périlleux*, *périlleuse* ; *fameux*, *fameuse*. *Doux* fait *douce* ; *faux* fait *fausse*.

LES NOMS COMPOSÉS.

On appelle ainsi les noms qui sont formés de deux ou trois mots.

Si deux substantifs servent à composer un nom, ils prennent tous les deux la marque du pluriel : *chef-lieu*, des *chefs-lieux*.

Il en est de même quand un substantif et un adjectif servent à composer un nom : un *arc-boutant*, des *arcs-*

boutans ; un *bout-rimé* , des *bouts-rimés*.

Lorsque la composition d'un nom se forme d'une préposition ou d'un verbe et d'un nom , le nom seul prend la marque du pluriel : *un avant-coureur*, *un entre-sol, un abat-vent, un garde-fou ; des avant-coureurs , des entre-sols, des abat-vents, des garde-foux.*

Dans un mot formé de deux noms unis par une préposition , le premier des deux noms prend la marque du pluriel : *un arc-en-ciel , des arcs-en-ciel ; un chef-d'œuvre , des chefs-d'œuvre* .

Quelques mots, que nous avons pris du latin sans les changer, ne prennent point la marque du pluriel. On écrit : *des duo, des opéra, des alinéa, des aparté , des quiproquo, des factum.*

LES VERBES.

Ordinairement tous les temps des verbes découlent de son infinitif. Ils s'en forment, et se gouvernent ainsi qu'il suit. Je prends pour exemple un verbe en *er*, *charmer*. La première personne de l'indicatif, est, *je charme* ; la seconde, *tu charmes* : il faut une *s* à cette seconde personne de tous les verbes. *Il charme*, à la troisième personne. *Nous charmons* : il faut toujours une *s* à cette première personne du pluriel du présent, et de tous les autres temps. *Vous charmez*, à la seconde personne du pluriel. *Ils charment*, à la troisième personne du pluriel.

L'imparfait de l'indicatif se termine toujours ainsi : *ais, ais, ait, ions, iez, aient. Je charmais, tu charmais, il charmait ; nous charmions, vous charmiez, ils charmaient.*

Le temps parfait ou passé se compose du verbe auxiliaire *avoir* et du participe *charmé* : *j'ai charmé, tu as charmé; il a charmé; nous avons charmé, vous avez charmé, ils ont charmé.*

Le participe, ainsi employé, commande, et ne s'accorde conséquemment point avec la personne qui fait le sujet de la phrase: *Pierre a charmé la société.* Il n'en est pas de même, lorsque le participe, isolé, sert à qualifier une personne, ou à caractériser une chose. Alors, devenant réellement adjectif, il en suit entièrement le sort : *un homme aimé, une femme aimée ; un lieu choisi, une pomme choisie.*

Le parfait défini est, *je charmai, tu charmas, il charma, nous charmâmes, vous charmâtes, ils charmèrent.*

Le parfait antérieur : *j'eus charmé, tu eus charmé, il eut charmé ; nous eumes, vous eutes, ils eurent charmé.*

Plusqueparfait : *j'avais, tu avais, il avait; nous avions, vous aviez, ils avaient charmé.*

Futur ou temps à venir : *je charmerai, tu charmeras, il charmera ;*

nous charmerons, vous charmerez, ils charmeront.

Futur passé : *j'aurai charmé.*

Conditionnel présent : *je charmerais, tu charmerais, il charmerait; nous charmerions, vous charmeriez, ils charmeraient.*

Conditionnel passé : *j'aurais charmé. J'eusse charmé, tu eusses, il eut; nous eussions, vous eussiez, ils eussent charmé.*

Impératif : *charme.*

Imparfait du subjonctif: *que je charmasse, que tu charmasses, qu'il charmât; que nous charmassions, que vous charmassiez, qu'ils charmassent.*

Parfait du subjonctif: *que j'aie, que tu aies, qu'il ait; que nous aions, que vous aiez, qu'ils aient charmé.*

Quoique j'aie pu dire, avant de donner cet exemple, il y a dans notre langue nombre de verbes dont quelques temps ressemblent peu à l'infinitif; *je viendrai, je suis venu*, et *venir*, ont peu de rapport entre eux. Nonobstant ces irrégularités, les terminaisons qui indiquent les temps des verbes, doivent s'orthographier comme je l'ai prescrit plus haut.

Nous avons vu que tous les verbes, dont l'infinitif est en *er*, terminent la première personne du présent de leur indicatif par un *e* muet. Presque tous les autres prennent une *s* ou un *x* : *boire, croire*, font *je bois, je crois*; à la troisième personne l'*s* se change en *t* : *il croit, il boit. Vouloir*, fait *je veux*; l'*x*, qui se garde à la seconde personne, se change en *t* à la troisième : *il veut.* Dites au parfait de *boire* et de *croire* : *j'ai bu, j'ai cru*, sans *s* ni *t*; il faut en mettre au parfait défini : *je bus, tu bus, il but.*

On dit au présent de l'indicatif de *faire* : *je fais, tu fais, il fait*; le participe est, *fait*, et conséquemment le parfait est, *j'ai fait. Dire*, donne *je dis*, à l'indicatif présent ; et au parfait, *j'ai dit.*

La première et la seconde personne des verbes en *cre* , *tre* et *dre* se terminent en *cs* , *ts* , ou *ds* ; à la troisième on retranche l's. *Convaincre : je convaincs* , *tu convaincs* , *il convainc. Reprendre : je reprends* , *tu reprends* , *il reprend.*

Les verbes en *ier* prennent un *e* muet. *Etudier* , *j'étudie* , *tu étudies* , *il étudie. Envoyer : j'envoie* , *tu envoies* , *il envoie.*

On donne une *s* aux verbes en *ir* : *finir* , *je finis* , *il finit.*

PRONONCIATION.

L'*S*, seule entre deux voyelles, prend le son du *z* : *rose* , *hasard* , *occasion* , *collusion.*

Deux *ss* se prononcent au contraire fortement : *concession* , *compassion* , *assentiment* , *embrasser.*

L'*s* qui se trouve seule après une

consonne , se prononce aussi , mais moins fortement que les deux précédentes : *danser, penser.*

Le *T* entre deux voyelles , se prononce ordinairement comme deux *ss* : *attention, répartition.*

Notre langue a ses caprices, que l'usage seul peut nous faire connaître : par exemple , quoiqu'entre deux voyelles , dans *pétition*, le premier *t* garde la prononciation qui lui est propre , et le second prend celle des deux *ss.* Quoique précédé d'une consonne, le *t* dans *portion , partial , invention,* a le son des deux *ss.*

L'*L* se mouille ordinairement quand elle suit un *i;* cette règle n'est pas générale ; en voici cependant quelques exemples : *défaillance , mouiller, famille , jonquille , bail , ail.*

ACCENS.

Nous avons trois accens : *l'accent aigu ,* qui se figure ainsi (') et qui se place sur un *é* seul, son effet est de faire prononcer l'*é* fermé, comme dans *répété, regagné, révélé.*

L'accent grave, qui se met sur *à*, *è*, *ù* : *succès, progrès; il court à moi, il couche à sa maison de campagne.* Il sert à distinguer aussi l'*à* préposition. Placé sur l'*ù* de *où*, il le fait reconnaître comme adverbe de lieu : *où êtes-vous? au temps où je vous rencontrerai.*

L'accent circonflexe (^) se met sur *â*, *ê*, *î*, *ô*, *û*; il allonge la prononciation, et avertit qu'on retranche une lettre : *bâiller, tempête, malhonnête, fête, gîte, flûte.*

De la Cédille.

La *cédille* (⁵) placée sous le *ç*, lui donne le son d'une *s* prononcée fortement. Elle ne s'emploie que devant *a, o*, et *u* : *façade, leçon, reçu.* Le *c* devant *e* et *i*, n'a point besoin de cédille pour prendre le son de l'*s* : *ceux-ci, ceux* et *ciel.*

Du Tréma.

On appelle tréma, deux points ainsi figurés (··) et que l'on met sur *e*, *i*, *u*, quand ces lettres ne doivent pas être prononcées , ou faire syllabe avec la voyelle qui précède : *haïr*, *Esaü*, *Saül* , *ciguë*. On prononce *ha-ir*, *Esa-ü*, *Sa-ül*, *cigu-ë*.

De l'Apostrophe.

L'*Apostrophe* , ainsi figurée (') ; commande et dénote l'élision d'une lettre : *l'amitié*, *l'homme*, pour *la amitié*, *le homme*.

Du trait d'Union.

Le trait d'union (-) réunit deux mots qui, avec son secours, n'en forment plus qu'un : *avant-propos*, *chef-d'œuvre*.

On le met aussi entre les verbes et les pronoms, dans les cas suivans : *irais je ? porterai-je ? marcheras-tu ?*

F

On l'emploie encore avant ou après ci, *là, ça ; celle-ci, celle-là, jusque-là.*

Des Lettres capitales.

Les lettres capitales ou majuscules se placent à la tête des noms d'hommes et de lieux, comme *Abraham, David, Jésus, Rome, Constantinople.*

DE LA PONCTUATION.

La ponctuation décide souvent le sens d'une phrase ; aussi est-il très-essentiel de la connaître. On emploie six marques pour ponctuer.

La virgule.............. ,
Le point avec la virgule... ;
Les deux points .... :
Le point................ .
Le point interrogatif..... ?
Le point admiratif ou d'ex-
clamation............. !

Avec la virgule on distingue les subs-tantifs , les adjectifs, les verbes et les adverbes, qui ne se modifient point l'un l'autre. Elle sert encore à indiquer les différentes parties d'une phrase, ou d'une période; on la met aussi avant et après les expressions qui marquent quelque circonstance. Exemple :

« O Dieu terrible, mais juste en vos conseils sur les enfans des hommes, vous disposez et des vainqueurs et des victoires. Pour accomplir vos volontés, et faire craindre vos jugemens, votre puissance renverse ceux que votre puissance avait élevés. Vous immolez à votre souveraine grandeur, de grandes victimes, et vous frappez, quand il vous plaît, ces têtes illustres que vous avez tant de fois couronnées. »

Le point mis à la virgule distingue les phrases qui sont sous le même régime, ou une phrase qui est à la suite d'une autre dont elle dépend. On emploie encore cette forme de ponctuation entre les principaux membres d'une période, lorsqu'ils sont longs, et qu'ils

renferment plusieurs parties déjà sépa-
rées par des virgules.

« N'attendez pas , Messieurs, que
j'ouvre ici une scène tragique ; que je
représente ce grand homme étendu sur
ses propres trophées, que je découvre
ce corps pâle et sanglant auprès duquel
fume encore la foudre qui l'a frappé ;
que je fasse crier son sang comme celui
d'Abel, et que j'expose à vos yeux les
tristes images de la religion et de la
patrie éplorées. » (Fléchier.)

On place les deux points après une
phrase finie , mais suivie d'une autre,
qui sert, ou à l'étendre , ou à l'éclaircir.

« Sous les ordres d'un roi aussi pieux
que puissant, l'un faisait prospérer les
armes , l'autre étendait la religion : l'un
abattait des remparts, l'autre redressait
des autels : l'un ravageait les terres des
Philistins, l'autre portait l'Arche autour
des pavillons d'Israël. » (Parallèle de
Turenne et du cardinal de Bouillon.)

Le point se met à la fin des phrases,

quand le sens est fini. Le point interrogatif a sa place dans les phrases qui expriment une interrogation.

« Que dirai-je des auteurs grecs ? Le
caractère propre d'Homère , n'est-ce
pas d'exceller également dans les petites
et dans les grandes choses, et de joindre
à une sublimité merveilleuse, une sim-
plicité qui n'est pas moins admirable ?
Y a-t-il un style plus délicat, plus nom-
breux, plus élevé que celui de Platon ?
Est-ce sans raison que parmi cette foule
d'orateurs qui parurent en même temps
à Athènes, Démosthène a eu le premier
rang, et a été regardé presque comme
la règle de l'éloquence ? Enfin , pour
ne point parler de tous les anciens his-
toriens, est-il un homme sensé qui se
lasse de la lecture de Plutarque ?

Le point admiratif se met dans les
phrases qui expriment une admiration
ou une exclamation.

« Glaive du Seigneur, quel coup vous
venez de frapper ! (Bossuet.)

3

~~~~~~~~~~~~~~~~~~~~~~~~

LES TROIS PRINCIPALES RÈGLES

DE L'ARITHMÉTIQUE.

L'ARITHMÉTIQUE est l'art de compter exactement et avec facilité.

La première règle de l'arithmétique est l'addition.

Exemple.

Il est question d'additionner ensemble les nombres 421, 626 et 530. Je les place ainsi :

$$421$$
$$626$$
$$530$$

Produit de l'addition. 1577

Je me suis dit, en commençant à gauche : 1 et 6 font 7, et j'ai posé 7; passant à la seconde colonne, j'ai continué : 2 et 2 font 4, 4 et 3 valent 7, et j'ai posé 7; arrivé à la troisième co-

lonne, j'ai dit : 4 et 6 font 10, et 5 font
15, et j'ai posé 15; ainsi [s'est formé
mon total de 1577.

Autre exemple.

Il faut additionner ensemble les nombres 438 francs 29 centimes, 119 fr.
58 cent., et 22 fr. 56 cent.

J'ai soin, en formant mon tableau,
de mettre les francs avec les francs,
et les centimes avec les centimes.

	438 fr.	29 c.
	119	58
	22	56

Produit de l'addition. 580   43

Je me suis dit, pour faire cette addition, en commençant par les centimes : 9 et 8 font 17 et 6 font 23; j'ai
posé 3 et j'ai retenu 2. Passant ensuite
à la seconde colonne, j'ai poursuivi :
2 et 2 font 4, et 5 font 9, et 5 font 14.
Si j'avais posé ces 14 centimes, j'aurais

4

eu pour nombre 143 centimes, c'est-à-dire 1 franc 43 centimes, puisque le centime est la centième partie du franc. Je n'ai donc posé que 4, et ai retenu 1 pour le nombrer avec les chiffres de la première colonne des francs. Puis j'ai dit : 1 et 8 font 9, et 9 font 18, et 2 font 20, posé o et retiens 2; avec ces 2 j'ai passé à la seconde colonne, et j'ai continué : 2 et 3 font 5, et 1 font 6, et 2 font 8; j'ai posé 8; puis j'ai poursuivi : 4 et 1 font 5, et j'ai eu, de cette manière, pour total : 580 francs, 43 centimes.

Preuve de l'addition par la soustraction.

On fait la preuve de l'addition par la soustraction, règle qui a aussi son usage particulier, et dont l'opération est de retrancher un nombre d'un autre nombre. On prépare la soustraction, en posant la quantité que l'on veut soustraire, sous la principale; faisant la

soustraction, on ôte chaque chiffre inférieur de son correspondant supérieur;
on écrit le reste au-dessous : s'ils sont
égaux, on pose zéro o ; si le chiffre inférieur est plus grand que le supérieur,
on augmente celui-ci d'une dixaine
que l'on emprunte sur le chiffre voisin
vers la gauche, et ce chiffre vaut alors
une dixaine de moins.

Exemple.

De   9792 fr. 65 c.
ôtez 4871   15
_____
Reste 4921   50

J'ai dit, colonne des centimes : qui
de 5 ôte 5 reste zéro ; qui de 6 ôte 1
reste 5. Puis passant aux francs : qui de
2 ôte 1 reste 1, qui de 9 ôte 7 reste
2 ; qui de 7 ôte 8, cela ne se pouvait.
J'ai donc emprunté une dixaine sur 9
qui était le chiffre voisin, et j'ai dit alors :
qui de 17 ôte 8 reste 9 ; puis, qui de
8 ôte 4 reste 4. Ce qui m'a donné en
résultat définitif : 4921 fr. 50 cent.

On fait la preuve de la soustraction
par l'addition de la plus petite quantité
avec le reste.

$$4871 \text{ fr. } 15 \text{ c.}$$
$$4921 \quad 50$$

$$9792 \quad 65$$

Il faut, qu'en résultat de cette addition, on retrouve le nombre total qui
a subi une soustraction.

Preuve de l'addition par la sous-
traction.

On ôte le total de chaque colonne
en commençant à la gauche du nombre qui est dessous; on pose le reste
sous ce nombre, pour le joindre avec
le chiffre qui répond à la colonne sui-
vante : si du total de l'addition on
peut ôter , sans reste , le montant de
toutes les colonnes, la règle a été bien
faite.

Exemple.

	438 fr.	29 c.
	119	58
	22	56
Addition.	580	43
Preuve.	000	00

DE LA MULTIPLICATION.

La Multiplication est une opération d'arithmétique par laquelle on
ajoute à elle-même, une quantité, autant de fois ou de parties de fois que
l'unité est contenue dans une autre.

On appelle le nombre qui doit être
multiplié *le multiplicande ;* et le nombre qui indique combien de fois il faut
répéter le multiplicande, *le multipli-*
cateur.

On donne en commun à ces deux
termes, le nom de *facteurs de la mul-*
tiplication , et l'on nomme le résultat
de la multiplication : *produit.*

Le multiplicateur se place ordinairement au-dessous du multiplicande.

Exemple.

Combien coûteront 732 paires de
souliers à 5 francs la paire?

732 Multiplicateur.   Preuve 366 paires de
5 Multiplicande.   souliers à 10 fr.

3660 fr.   Produit 3660

Pour faire cette opération, j'ai dit :
5 fois 2 font 10 unités, je pose o et retiens une dixaine; 5 fois 3 font 15 dixai-
nes, et une de retenue font 16, je pose
6 et retiens 1 ; 5 fois 7 font 35, et un
de retenu font 36, je pose 6 et avance
3, parce qu'il n'y a plus rien à multiplier.

Pour la preuve ce serait assez de
mettre un o à la droite de 366 pour
multiplier par 10.

Quand il y a plusieurs chiffres aux

deux facteurs de la multiplication, on
multiplie tous les chiffres du facteur
inférieur, ayant soin de poser le premier chiffre du produit de chaque figure, perpendiculairement sous la figure même qui multiplie, et tous les
autres en avançant d'un rang vers la
gauche.

La preuve de la multiplication se
fait en multipliant la moitié du facteur
supérieur par le double du facteur inférieur. Si l'opération est exacte, on
trouve le même produit que celui de
la règle.

TABLE DE MULTIPLICATION.

2 fois 2 font 4	2 fois 10 font 20
2 3 6	2 11 22
2 4 8	2 12 24
2 5 10	
2 6 12	3 fois 3 font 9
2 7 14	3 4 12
2 8 16	3 5 15
2 9 18	3 6 18

3 fois	7	font 21
3	8	24
3	9	27
3	10	30
3	11	33
3	12	36

4 fois	4	font 16
4	5	20
4	6	24
4	7	28
4	8	32
4	9	36
4	10	40
4	11	44
4	12	48

5 fois	5	font 25
5	6	30
5	7	35
5	8	40
5	9	45
5	10	50
5	11	55
5	12	60

6 fois	6	font 36
6	7	42
6	8	48
6	9	54
6	10	60
6	11	66
6	12	72

7 fois	7	font 49
7	8	56
7	9	63
7	10	70
7	11	77
7	12	84

8 fois	8	font 64
8	9	72
8	10	80
8	11	88
8	12	96

9 fois	9	font 81
9	10	90
9	11	99
9	12	108

10 fois 10	font 100	11 fois 11	font 121
10 11	110	11 12	132
10 12	120	12 fois 12	font 144

*Chiffres arabes qui servent à com-
poser tous les nombres.*

1 2 3 4 5 6 7 8 9 10

*Chiffres romains qui servent à
composer tous les nombres.*

I.........	1	LXX.....	70
II........	2	LXXX...	80
III.......	3	XC......	90
IV......	4	XCI.....	91
V.......	5	C.......	100
VI......	6	CC......	200
VII.....	7	CCC.....	300
VIII.....	8	CCCC....	400
IX......	9	D.......	500
X.......	10	DC......	600
XX.....	20	M.......	1000
XXX.....	30	IIM.....	2000
XL......	40	CM......	100000
L.......	50	XCM..un million.	
LX......	60		

Un franc vaut une livre tournois trois deniers.

Une livre tournois vaut quatre-vingt-dix-neuf centimes.

~~~~~~~~~~~~~~~~~~~~~~~~~~~~

POIDS ET MESURES.

L'AUNE de Paris est de 3 pieds 7 pouces 10 lignes 5 sixièmes. Le mètre est de 3 pieds 11 lignes 296 millièmes.

La longueur de l'aune est à celle du mètre, comme 6 est à 5.

Le mètre est divisé en cent parties. On emploie à volonté les mots de décimètre ou de dixième, pour désigner la dixième partie du mètre, et ceux de centimètre ou de centième, pour désigner la centième partie. Décamètre est une mesure égale à dix mètres; et hectomètre signifie la longueur de 100 mètres. Kilomètre et myriamètre sont des longueurs de 1000 et de 10,000 mètres.

10 Centimètres sont 1 décimètre ; 10 décimètres font 1 mètre.

La Toise contient 6 pieds ; le pied 12 pouces ; le pouce 12 lignes ; la ligne 12 points.

1 Toise vaut 1 mètre 949 centimètres.

Les mesures agraires sont l'hectare, l'are et le centiare.

1 Arpent vaut 51 ares 7 centiares.

2 Arpens valent 1 hectare, 2 ares, 14 centiares.

Les nouvelles mesures pour le bois de chauffage sont le stère et le décistère.

1 Voie de bois de Paris équivaut à 1 stère 920 décistères.

La Corde dite de *grand bois* équivaut à 4 stères 387 décistères.

La Corde dite de *port* équivaut à 4 stères 799 décistères.